유아음악교육

유아음악교육

MUSIC EDUCATION FOR YOUNG CHILDREN

송주승 · 조유나 공저

dm 동문사

머리말

음악은 사람의 마음에 자리 잡고 있는 미적인 감각과 감성이 소리를 통해 표현되는 수단이며, 아름다움을 추구하는 행위의 일부이다. 음악은 우리의 삶에서 단순히 표현하고 감상하는 수단에 그치는 것이 아니라 삶의 어느 부분에서나 음악이 함께하고 있으며, 음악을 통해 우리의 삶을 보다 편안하고 풍성하게 한다.

모든 유아는 기본적인 음악 능력을 지니고 있으며, 음악 감수성이 매우 빠르게 발전하는 시기이다. 따라서 유아가 음악을 즐기고 활용할 수 있도록 보다 일찍 음악교육이 이루어져야 한다. 교사는 유아가 자신의 음악적 감성을 다양하게 경험하고 표현해 봄으로써 음악적 아름다움에 대한 감각을 넓히며 잠재력을 발휘하도록 도와주어야 한다. 이를 위해서는 예비교사교육을 통해 유아음악교육에 대한 바른 이해와 실행역량을 충분히 길러야 한다.

본 교재는 예비교사가 음악교육에 대한 교수 역량을 키우고 교사효능감을 갖도록 하는 데 목표를 두고 집필하였다. 유아의 즐겁고 효과적인 음악교육을 위해 기초 이론과 실제의 내용으로 나누어 구성하였다.

1장에서 6장까지는 교사들의 이론적 기초에 대한 내용이다. 음악교육의 목적 및 필요성, 음악교육의 내용, 유아음악교육을 위한 환경과 교사의 역할, 그리고 평가 등의 내용을 제시하였다. 7장에서 13장까지는 음악교육의 내용에 대한 교수학습방법과 실제를 제시하였다. 소리탐색, 노래부르기, 악기지도, 음악감상, 신체표현, 음악창작 그리고 음악극을 실행할 수 있도록 각 영역에 대한 교수학습방법과 실제 사례를 통해 설명하여 예비유아교사와 현장의 교사들에게 유아음악교육에 있어 작은 도움이 되고자 하는 바람이다.

이 책의 집필을 위해 애써 주신 동문사 관계자분들과 가까이에서 항상 힘이 되어주는 가족들 그리고 김포대학교 유아교육과 학생들에게 진심으로 감사의 마음을 전한다.

2021. 9.

저자 일동

차 례

■ 머리말 / 5

Part 01 유아음악교육의 이론

Chapter 01 유아음악교육의 중요성 및 목적 11

1. 유아음악교육의 중요성 / 11
2. 유아음악교육의 목적 / 15

Chapter 02 유아의 음악 발달 19

1. 유아의 음악적 능력 발달의 특징 / 19
2. 연령별 음악적 능력 발달 / 21
3. 음악적 능력 발달에 영향을 미치는 요인 / 26

Chapter 03 음악교육가의 교수법 29

1. 달크로즈 교수법(Dalcroze Method) / 29
2. 코다이 교수법(Kodaly Method) / 33
3. 오르프 교수법(Orff Schulwerk Method) / 38
4. 고든의 교수법(Gordon Method) / 47

Chapter 04 유아음악교육의 내용 53

1. 음악적 구성요소 관련 음악교육 내용 / 53
2. 음악적 태도 관련 음악교육 내용 / 58
3. 음악활동 관련 음악교육 내용 / 60

Chapter 05 국가 교육과정과 유아음악교육 63

1. 표준보육과정에서의 음악교육 / 64
2. 누리과정에서의 음악교육 / 67

Chapter 06 유아음악교육을 위한 교수학습방법 71

1. 음악교육 교수학습원리 / 71
2. 음악활동의 통합적 지도 / 73
3. 유아음악교육을 위한 환경 / 76
4. 음악교육을 위한 교사의 역할 / 81
5. 유아음악교육을 위한 평가 / 82

CONTENTS

Part 02 유아음악교육의 실제

Chapter 07 소리탐색 93

1. 소리탐색의 중요성 / 93
2. 소리탐색의 내용 / 94
3. 소리탐색을 위한 교수학습방법 / 96
4. 소리탐색 활동의 실제 / 99

Chapter 08 음악감상 105

1. 음악감상의 중요성 / 105
2. 음악감상의 내용 / 106
3. 음악감상을 위한 교수학습방법 / 107
4. 음악감상 활동의 실제 / 115

Chapter 09 노래부르기 123

1. 노래부르기의 중요성 / 123
2. 노래부르기의 내용 / 124
3. 노래부르기를 위한 교수학습방법 / 125
4. 노래부르기 활동의 실제 / 134

Chapter 10 악기지도 149

1. 악기지도의 중요성 / 149
2. 악기지도의 내용 / 150
3. 악기지도를 위한 교수학습방법 / 153
4. 악기지도의 실제 / 159

Chapter 11 신체표현 173

1. 신체표현의 중요성 / 173
2. 신체표현의 내용 / 174
3. 신체표현을 위한 교수학습방법 / 176
4. 신체표현 활동의 실제 / 180

Chapter 12 음악창작 187

1. 음악창작의 중요성 / 187
2. 음악창작의 내용 / 188
3. 음악창작지도를 위한 교수학습 방법 / 189
4. 음악창작 활동의 실제 / 195

차 례

Chapter 13 음악극 201

1. 음악극의 이해 / 201
2. 음악극의 내용 / 203
3. 음악극을 위한 교수학습방법 / 205
4. 음악극 활동의 실제 / 213

■ 참고문헌 / 228

01
Part

유아음악교육의 이론

제1장 유아음악교육의 중요성 및 목적
제2장 유아의 음악 발달
제3장 음악교육가의 교수법
제4장 유아음악교육의 내용
제5장 국가 교육과정과 유아음악교육
제6장 유아음악교육을 위한 교수학습방법

Chapter 01

유아음악교육의 중요성 및 목적

1. 유아음악교육의 중요성

인간은 태어나면서부터 주변의 소리나 음악과 같은 자극에 반응하면서 점차 세상을 이해하기 시작한다(윤영배, 유준호, 2010). 우리는 생활 속에서 언제 어디서나 음악과 함께 존재한다. 운동을 할 때 활기찬 음악이 있으면 힘들다는 것을 망각한 채 더욱 효과적으로 운동에 몰입하게 되며, 식사를 할 때도 멋진 음악이 흐르면 좀 더 안정된 분위기에서 편안함을 느끼며 식사를 할 수 있다. 이뿐만 아니라 영화 속에서도 음악을 통해 그 효과를 높이고 더욱 감동을 받게 된다. 이처럼 음악은 우리의 삶 속에서 항상 존재하며 인간은 음악을 만들고 음악에 영향을 받으며 살아가고 있다.

음악은 선사시대의 종교의식과 공동체 사회의 춤과 감정을 표현하기 위한 소리를 내는 과정에서 비롯되었다고 한다(Machlis, 1970). 인간의 역사에서 음악은 일과 놀이, 교육, 사회적 집단의식을 중요하게 생각하는 종교 등에서 매우 중요한 부분으로 다루어져 왔다. 음악은 교육을 통하여 다음 세대로 전수되어 왔으며, 자연스럽게 학교 교육 속으로 들어오게 된 것이다.

유아들에게는 음악은 또 하나의 언어이며 의사소통의 수단으로 더 큰 의의를 가진다(김진영, 엄정애, 이승연, 2007). 즉, 유아는 음악을 언어처럼 지각하고 스스로의 생각과 느낌, 그리고 감정과 정서를 표출하는 하나의 도구로 사용하며, 유아는 음악을 통해 자신의 생각이나 느낌, 감정을 자연스럽게 표현해냄으로써 자신감과 정서 해방감, 만족감 등을 경험할 수 있고, 표현을 존중받음으로써 자존감과 탄력성이 높은 사람으로 성장하고 정서적 안정감을 가진 사회 구성원으로 역할을 해 나갈 수 있는 것이다.

음악교육은 그들의 삶 속에서 음악을 즐기고 느끼고 활용하는 태도와 음악에 대한 잠재능력을 길러주기 위한 교육이다. 음악교육은 문자나 언어, 혹은 구체성을 띤 어떤 매개체 없이 직접 인간의 마음에 작용하여 풍부한 감정과 미를 추구하는 의지 그리고 선을 추구하도록 하는 긍정적인 측면에서 다른 교과목에서 찾아볼 수 없는 특성을 갖고 있다.

유아음악교육이란 유아를 대상으로 하는 음악교육으로서 유아들에게 자연스럽게 다양한 소리와 음악을 탐색 및 감상, 표현하는 활동을 통해 음악적 경험을 제공하는 것을 말한다. 유아는 출생 전 태내 양수환경부터 청각신경이 발달하기 시작하여, 탄생하면서 소리를 듣게 되고 자연스럽게 음악을 접하게 된다. 음악은 유아가 듣게 되는 많은 소리 중에서 흥미롭고 즐거움을 주는 소리의 하나가 된다. 유아가 정서를 인식하게 되면서 친숙한 노래의 리듬에 맞추어 몸을 흔들거나 음악의 선율을 부분적으로 따라 하는 자발적 음악 반응을 나타내기 시작한다. 따라서 유아시기는 언어 표현은 미숙하지만 음악에 대한 정서적 경험과 반응은 비언어적 · 청각적 · 시각적 표현 매체인 음악을 통해 자연스럽고 쉽게 전인적 발달과 풍요로운 삶의 기반으로 작용한다.

유아를 대상으로 하는 다양한 음악활동은 아름다움을 느끼게 해 주고 음악을 재미있고 좋은 것으로 알게 하여 행복한 마음으로 음악을 즐길 수 있도록 심미적 체험을 제공할 수 있으며, 유아의 인지적 · 정서적 · 사회적 · 신체적 · 언어적 발달을 포괄하는 전인적 성장 발달을 도우므로 중요하다. 유아음악교육의 중요성을 신체 · 사회 · 심리적인 측면의 효과를 근거로 살펴보고자 한다(송주승, 김민은, 2016).

1) 신체 발달 측면

음악은 인간의 정신과 신체에 직 · 간접적으로 영향을 미치는 것은 이미 잘 알려진 사실이다. 음악은 혈압, 호흡, 피부반응, 뇌파 그리고 근육반응 등에 변화를 가져온다고 알려져 있으며, 음악적 경험은 대뇌변연계(limbic system: 림빅 시스템)의 기준에 밀접하게 연관되어 있으며, 음악은 체온을 조절하고 심장박동 속도, 수면과 허기, 갈증, 감정들과 뇌하수체 호르몬을 생성하는 시상하부를 자극하여 자율신경에 영향을 미치고 그 결과 사람의 행동에도 영향을 미친다고 한다. 예를 들면, 사람들은 자신들이 좋아하는 선율과 리듬을 타면서 노래하고 자연스럽게 몸을 움직이는 동안 기분이 밝아지며 얼굴의 표정이 바뀌는 것을 흔히 볼 수 있는데, 이러한 변화는 마음의 긴장을 풀어지게 하는 데 효과가 있다. 기분이 좋아지면 몸과 마음의 긴장이 풀어지며 감정과 정서가 안정된다. 이는 생각이나 사고하는 능력의 향상을 가져오며 동시에 뇌의 기능이 좋아지는 것은 실험을 통해 확인할 수 있다. 유아기는 발달의 민감기이며 발달 속도, 특히 뇌 발달 속도는 매우 빠르다. 출생 시 300g에 불과한 뇌가 영유아기를 거치면서 매우 빠르게 발달하게 되므로 유아기의 바람직한 음악교육은 뇌 발달을 돕고, 학습자인 유아의 인지적 기능을 극대화하게 된다.

최근의 대뇌 생리학분야에서 음악이 인간의 심신에 미치는 작용에 대해 발표한 자료의 요점을 살펴보면 다음과 같다.

첫째, 음악감상이나 그 밖의 음악활동은 인간의 맥박을 촉진시키며 심장, 위 등의 순환기나 소화기 계통에 강한 영향이 미친다.

둘째, 음악은 분노, 증오의 감정을 생리학적으로 안정시키는 효능이 있으며 생리적 긴장을 해소시키는 작용을 한다. 이와 같은 음악의 효능을 뒷받침하는 요인으로 음악적 리듬의 효능이 매우 크다고 한다.

이와 같이 음악은 인간의 신체적 변화를 가져오는 데 큰 역할을 한다는 것이 밝혀졌고, 현대 과학과 의학은 그 요인을 좀 더 실증해 주므로 유아기에 음악교육이 보다 효과적으로 이루어져야겠다.

2) 사회성 발달 측면

좋아하는 음악을 듣고 노래하며 또 규칙적인 리듬과 박자에 맞춰 몸을 흔들고 악기를 흔들며 두들기는 음악활동은 성격이 너무 소극적이거나 내성적이어서 인간관계를 원만하게 잘 이루지 못하는 유아나 감정의 표현이 거의 없어서 항상 무표정하거나 반대로 감정이 너무 쉽게 격해져서 자주 화를 내는 등의 성격적인 결함으로 인해 자신의 감정조절을 힘들어하는 유아들에게 기분을 밝게 해 주고 감정을 부드럽게 하는 기분 좋은 자극을 준다. 음악활동을 통해 얻는 긍정적이며 기분 좋은 자극은 성격과 태도의 변화를 가져올 수 있으며, 이러한 변화는 주변 사람들과의 관계를 원만하고 부드럽게 만들어 줄 수 있고 사회성의 신장을 가져온다.

특히, 악기를 사용한 활동은 지각을 자극하고 물체를 탐색하게 되며 연상 및 심상, 상징체계를 개발하여 줄 뿐만 아니라 의사소통과 상호작용의 발달을 가져온다. 악기를 통하여 소리를 낸다는 것은 신체표현과 감정표현의 결합으로부터 비롯되는데, 예를 들어 악기를 힘 있고 빠르게 치는 것은 에너지를 증대시킬 뿐 아니라 감정을 신체동작으로 표현한 것이라고 할 수 있다.

결과적으로 노래부르기, 악기연주, 음악감상 등의 음악활동을 통해 사회성의 향상과 자신감을 갖게 하며, 우울 및 부정적 인지를 긍정적으로 바꾸고 능동적인 행동을 기대하게 할 수 있다.

3) 심리 발달 측면

음악의 기능은 현대의 심층 심리학과 대뇌 생리학의 과학적 분석에 의해 그 베일이 벗겨지고 있으며, 요즘은 정신요법과 산업 효율화에 음악적 방법을 적용시키고 있다. 음악을 이용한 심리요법은 정신적인 질환을 치료하는 방법으로 주목받고 있으며, B.G.M(환경음악)으로도 그 효능이 널리 활용되고 있다. 최근 심리학과 병리학 분야에서 음악의 요법적인 효용을 과학적인 실증을 통해서 밝힌 바에 의하면 다음과 같다.

첫째, 음악이 주의를 환기시키고 지속시키는 힘이 있으며

둘째, 음악의 리듬은 그 작용에 의해 근육을 부드럽게 하여 해방감을 맛보게 한다.

셋째, 멜로디는 기분전환에 현저한 효과를 나타낸다.

넷째, 표제음악[1]은 상상력을 자극해서 신경 회복에 효과가 있다.

음악이 위와 같이 요법적인 효능을 어떻게 갖게 되는지는 정확한 이유를 알 수 없으나 음악의 리듬과 멜로디가 신경이 약한 사람에게 논리와 감정의 균형을 회복시켜 주는 데 매우 효과적이며, 정신적인 안정감을 되찾게 하는 데 매우 효과적이라는 것은 여러 가지 실험과 논문을 통해 충분히 알 수 있었다. 따라서 유아기에 음악을 자주 접하고 신체적으로 표현하고 즐기는 음악활동은 유아의 안정된 정서발달과 자아개념을 긍정적으로 유지, 발전시킨다.

2. 유아음악교육의 목적

유아기에 음악교육은 연주기술이 좋은 전문 연주자로 키우기 위한 것에 있는 것이 아니며, '음악을 도구로 한 유아교육'을 하여 정서적으로 안정된 심미적인 인간 육성에 목표를 두고 있다. 다시 말해서 유아에게 음악교육을 하는 것은 단순히 특정한 예술적 개념이나 기능을 익히도록 하기보다는 자신의 흥미나 능력에 맞는 활동을 선택하여 생각과 느낌을 자유롭게 표현하고 즐길 수 있도록 지도하여 유아가 음악에 대해 긍정적 태도를 갖도록 하는 것이다.

따라서 유아교육을 담당하고 있는 교사들은 음악교육의 목적을 전인적인 인간을 길러내기 위한 심미적인 교육을 시키는 데 두고 유아 개개인의 음악적 발달 단계와 차이를 고려하여 적합한 교수방법을 지속적으로 연구하여 적용하여야 한다.

음악활동은 유아들의 생각과 느낌을 자발적으로 창의적인 표현을 하게 함으로써 정서적인 안정감과 심미감을 기르게 된다. 또한 다양한 음악활동은 유아들의 사고를 촉진하고 감성을 풍부하게 하며 상상력을 풍부하게

1) 제목과 줄거리에서 곡의 내용을 알 수 있고 문학적, 회화적, 주적 내용을 지니는 음악으로 대표적인 예로 베토벤교향곡, 전원교향곡, 운명교향곡, 비발디의 사계, 바로 파헬넬의 캐논 등을 들 수 있다.

하고 음악의 구조적인 이해를 자연스럽게 하도록 도와준다.

유아의 발달과 흥미를 고려한 적절한 음악교육 활동은 전인발달을 지원하므로 다음 여덟 가지 측면에서 목적을 제시하고자 한다(송주승 외, 2016).

1) 음악적 개념발달

노래부르기, 악기다루기, 음악듣기, 악기연주, 율동과 신체표현 등의 다양한 음악활동을 통해 리듬, 멜로디, 화성, 음색, 형식, 빠르기 등의 음악적 개념의 발달을 가져온다.

2) 언어발달

음악은 다양한 소리에 대한 이해 및 듣기 기술을 증진시키고, 유아의 음악활동은 언어적인 요소가 많으며 노래부르기 활동에서 노랫말을 통해 직접적으로 단어를 배우며 문장력을 기를 수 있다.

3) 인지발달

유아의 음악적 경험은 유아의 문제해결 능력과 소리에 대한 이해력 발달을 돕는다. 음의 특성을 이해하고 음에 대한 변별력과 음을 기억하고 재생하는 능력은 인지적인 능력을 향상시킨다.

4) 정서적 발달

유아의 음악적 경험은 소리에 느낌과 감정을 표현할 수 있는 기회를 제공하며 정서적인 예민함을 증진시켜 유아의 정상적인 발달을 돕는다. 다양한 장르의 음악을 듣고 여러 나라의 음악을 경험하는 것은 유아의 성숙한 감정표현과 감정조절능력을 가져온다. 즉, 음악적 경험을 통해 유아 자신의 정서를 자연스럽게 표출함으로써 정서적 감수성 발달을 촉진한다.

5) 사회성 발달

유아음악활동이 대부분 대그룹과 소그룹으로 이루어지므로 교사와 같은 반의 친구들과 활발하게 상호작용이 일어나므로 이러한 활동을 통해서 또래 간의 긍정적 상호작용과 참여, 나눔, 분배, 협동 등의 과정을 경험하게 되면서 사회성을 키우게 된다.

6) 창의성 발달

음악은 유아에게 느낌과 생각을 반영하고 표현할 수 있는 하나의 매개체이며 일상생활 속에서, 놀이 속에서의 다양한 음악적 활동은 자신의 생각과 느낌을 자유롭게 표현하도록 유도하며, 나아가 자신의 느낌을 독창적으로 표현함으로써 유아의 창의적인 사고를 촉진하고 상상력을 발달시켜 준다.

7) 신체발달

노래부르기, 악기다루기, 신체표현하기, 음악감상 등의 음악활동은 신체적인 움직임을 동반하며 음악활동을 통합적으로 운영하게 한다. 다양한 음악을 듣고 손뼉을 치며 음악에 맞춰 신체표현을 하는 등의 활동을 하여 유아 자신의 신체 부분 인식과 손과 눈의 협응력이 길러지고 소근육과 대근육을 고르게 사용하며 신체의 조절능력을 향상시킨다.

8) 긍정적인 자아개념

음악활동은 유아의 호기심과 성취감을 충족시켜 줄 뿐만 아니라 긍정적인 자아개념의 형성을 도와준다. 음악활동과 함께 상상놀이, 협동놀이, 게임 등을 활용함으로써 긍정적인 자아개념을 형성할 수 있다.

Chapter 02 "

유아의 음악 발달

1. 유아의 음악적 능력 발달의 특징

유아의 음악적 능력은 모든 유아가 보유하고 있는 능력으로 환경과 교육에 의해 발달하며 어릴수록 음악적 능력에 미치는 환경적 요소의 영향은 크다. 음악적 능력(Musical Ability)은 음악성(Musicality), 음악적성(Musical Aptitude), 음악적 자질(Musical Capacity), 음악적 재능(Musical Talent) 등과 혼용되어 사용되고 있다. 이 개념의 의미를 살펴보면 우선 음악성은 음악에 대한 감정, 느낌, 미적 반응, 선호도, 태도 그리고 주의력 등의 인지적이고 정의적인 차원의 개념을 의미한다(Radocy & Boyle, 1997). 음악적성은 음악을 배우기 위한 잠재적 능력으로 모든 인간이 가지고 태어나는 보편적이며, 선척적인 자질과 환경적 경험의 결과로 형성되는 능력을 말한다(Gordon, 1987; Reimer, 2004). 음악적 자질은 능력의 한 부분으로서 환경의 영향과는 관계가 없는 것으로 유전적 자질이다. 음악적 재능이라는 용어는 음악 영역에서 평균치 이상의 음악적 능력으로 또래보다 뛰어난 음악적 능력을 보이는 대상에게 사용되고 있다.

음악적 능력은 유아의 타고난 잠재적 능력과 초기 환경에 의해 형성되어 평생 동안 지속되는 것으로 음악을 듣고 감상하며 그 음악을 이해할 수 있게 되며, 아름다움에 감동하고 나아가 음악적인 표현도 할 수 있게 되는 능력으로 위의 용어들과는 약간의 차이가 있다.

음악적 능력은 크게 음악적 인지능력과 음악적 표현능력으로 나누어 볼 수 있다(김현, 2016).

- **음악적 인지능력**

  음악은 소리 감각기관인 귀를 통해 유아에게 전달되고, 그 소리는 다시 유아의 인지과정을 통해 분류되는데 이 과정에서 음악이 되기도 하고 의미 없는 소음이 되기도 한다(박유미, 2004). 음악적 인지능력은 유아가 스스로 음악적 경험을 통해서 얻는 것으로 음악에 대한 깊고 넓은 이해와 사고를 바탕으로 하는 음악적 지식이다(장정애, 2011). 유아의 음악적 인지능력은 음을 변별하고 분류하고 기억하는 능력으로, 음악적 개념이라고도 한다. 음악 인지능력에서 일반적으로 포함되어야 하는 기본 개념에는 음높이, 음색, 셈여림, 리듬, 형식, 화성 등이 있다.

- **음악적 표현능력**

  유아들은 자기가 생각하고 느낀 것을 표현하는 데 어려움을 느끼기 때문에 교사는 유아의 연령에 따라 음악적 개념을 표현하는 데 필요한 다양한 방법을 안내해 주어야 한다(권덕원 외, 2008). 유아는 본능적으로 발달하는 음악적 개념과 학습에 의해 획득한 음악적 개념을 의식적 또는 무의식적으로 노래부르기, 악기연주, 창작하기, 음악 만들기, 신체표현하기 등의 다양한 음악활동 형태로 표현될 수 있다. 또한 간단한 몸짓, 말, 글, 그림을 통한 감상 등 다양한 방법으로 자신의 감정을 표현을 해 봄으로써 음악적 표현의 발달이 이루어진다. 또한 주변의 많은 것을 모방하고 창작활동으로 연결하여 이를 노래나 신체로 표현해 봄으로써 자신의 음악적 표현력을 키워 나간다.

유아의 음악적 능력 발달은 다음의 일반적인 특성을 갖고 있다.

첫째, 유아는 스스로 음을 만들어내고 소리에 대한 호기심을 갖고 있다. 새로운 소리에 대해 흥미를 느끼며 자발적으로 아무런 목적없이 노래부르기를 하기도 한다.

둘째, 유아들은 부드러운 고음을 선호하는 것으로 나타났다.

셋째, 유아는 멜로디와 화성보다는 리듬의 변화에 민감한 반응을 나타내며 심장 박동에도 변화를 주는 것으로 나타났다.

넷째, 유아들은 타악기에 흥미를 나타내며 악기를 만지고 두드려보며 자유롭게 소리를 내며 악기놀이를 한다.

다섯째, 유아들은 음역이 제한되어 있으므로 너무 높거나 낮은 노래, 또는 너무 빠른 노래는 잘 부르지 못한다.

여섯째, 유아는 음악에 맞춰 몸을 흔들고 춤을 추는 등의 신체표현을 좋아한다.

일곱째, 유아는 본능적으로 소리내기를 좋아하며 흥얼거리고 노래하기를 좋아한다.

유아들은 다양한 음악활동을 통해 음악을 느끼며, 즐기면서 음악적 능력을 계발하게 된다. 다양하고 체계적인 음악적 경험을 통해 유아의 잠재된 음악적 능력을 향상시키는 것은 유아교육에 있어서 중요한 부분이다. 따라서 유아기의 일반적인 음악적 능력 발달의 특성을 이해하고 특성에 맞는 적절한 음악활동을 하는 것은 유아음악교육의 기본이라고 할 것이다.

2. 연령별 음악적 능력 발달

1) 0~1세 영아

모든 아기는 음악적 능력을 가지고 태어난다. 따라서 아기는 태어나는 순간부터 음악적인 자극에 반응하기 시작하는데, 가장 먼저 엄마의 심장박동 소리와 엄마의 목소리, 그리고 주변 환경소리 등에 반응하기 시작하면서 그들의 음악적 감수성의 발달이 시작된다. 태어난 지 3일 정도 되는 신생아는 이미 여러 가지 리듬의 변화를 구별할 수 있으며, 수개월에서 1년 사이에는 그들의 음악적 감수성은 놀랄만큼 높은 수준으로 발달하게 된다. 리듬뿐만 아니라 음정, 가락, 음색 등도 잘 구별할 수 있으며, 소리의 다양한 변화에 반응하는 음악적 능력이 급격하게 발달한다.

2) 1~2세 영아

이 시기의 영아는 소리에 대한 새롭고 신기한 매력을 느껴 많은 소리를 변별할 수 있으며, 의도적으로 주변 소리를 탐색하고 소리를 구분한다. 운율이 있는 노래와 라임 듣기를 좋아하며, 걷기가 가능해지면서 동작도 함께 발달한다. 음색, 셈여림과 음의 높낮이 개념과 간단한 리듬개념을 형성하고, 리듬과 높낮이를 이용한 흥얼거리기, 음악에 맞춘 움직임 등을 표현하나 미숙하다. 만 2세에 좀 더 가까워지면 상당히 정확한 리듬을 가지고 노래하기 시작하며 또한 간단한 리듬악기를 사용하여 연주도 가능하며 신체를 통한 창의적인 표현도 가능하다.

3) 2세 영아

이 시기의 전반기에는 음악에 대해 좀 더 신체적인 반응을 보이며 무릎 굽히기, 팔 흔들기 등의 신체 동작을 나타낸다. 따라서 간단한 손유희를 배울 수 있는 시기이기도 하다. 2세 후반에 접어들면서 영아는 놀이를 하며 노래를 부르고, 박자에 따라 악기를 연주하며, 대소근육의 협응 가능으로 다양한 악기 소리에 관심을 보인다. 또한 2세가 되면 주의집중 시간이 길어져 음악감상이 가능해지고 대부분의 영아들은 나름대로의 노래를 부를 수 있게 된다.

4) 3세 유아

3세가 되면 단순한 절의 노래를 부를 수 있으며 음악 박자에 맞추어 움직이는 능력이 생겨나며 리듬에 맞추어 손뼉을 칠 수 있다. 그리고 목소리를 잘 통제하여 목소리에 따라 가락을 만들어 낼 수 있다. 목소리나 박자를 사용하여 자신의 창작을 음악적으로 표현하게 되며 몸의 움직임을 통해서 크고, 부드러운, 빠르고, 느린 개념을 형성하게 된다. 음의 고저와 속도를 더 잘 변화시킬 수 있으며, 점점 정확히 단순한 악구를 노래할 수 있으며, 극화된 노래와 혼자서 노래 만들기를 좋아하며, 노래를 다른 방법으로 부르려 하기도 한다.

이 시기는 신체 협응력이 증가하고 리듬적 동작을 할 수 있는 능력이 생기므로 보다 넓은 공간을 사용하고자 하며, 다양한 몸동작을 시도하기도 한다. 음악에 맞춰 계속적이고 자유롭게 움직이고 간단한 노래 게임을 할 수 있으며 높이 뛰어오르기도 가능한 시기이다.

5) 4세 유아

확장된 어휘나 음역 리듬 감각이 유아로 하여금 다양한 목소리로 노래 부르는 것을 가능하게 한다. 기억력이 발달하면서 기억력을 통해 노래 전체를 부르고, 리듬과 음의 고저를 더욱 정확히 사용할 수 있다. 노래를 처음부터 끝까지 부를 수 있으며, 소리를 순서 짓고 분류 및 재생산할 수 있을 뿐만 아니라 간단한 멜로디를 만들 수 있고 친숙한 곡에 새 노랫말을 만들 수도 있다.

여러 가지 리듬악기를 사용하여 연주할 수 있고, 음의 고저 및 음의 장단, 음색의 차이에 관한 개념을 확장할 수 있다. 음악을 적극적으로 들으려 하고 음악의 리듬 흐름에 따라 더욱 잘 놀고 움직이며, 음악을 듣고 몸을 표현하거나 극화시키는 데 많은 흥미를 보인다.

6) 5세 유아

노래부르기를 좋아하며 혼자 노래하기 또는 대그룹 속에서 노래하기, 소그룹 속에서 노래부르기를 할 수 있다. 스케이팅이나 그와 유사한 이동 동작을 시도하기도 하며 단순한 댄스를 배울 수 있고 뛰고 스킵하고 춤을 출 수 있으며 공을 던지고 받을 수 있게 되며, 특히 음악에 맞추어 움직이거나 리듬 게임, 율동 등을 좋아한다.

음악에서 자신의 몸동작을 그대로 맞출 수 있으며, 음악의 템포를 변화시켰을 경우 그 차이를 식별하고 언어화할 수도 있으며, 빠르고 느린 소리의 조화가 리듬 패턴을 만들고 있음을 알기 때문에 손뼉치기나 북치기 등으로 리듬 패턴을 만들어 리듬감을 효과적으로 배울 수 있다.

표 2-1 유아의 연령별 음악적 개념 발달

	유아의 음악적 개념별 발달 특징	포함되는 음악적 개념
2세	• 음의 고저와 리듬 변화 인지 • 음악에 반응하여 몸을 흔듦 • 단순한 노래를 배울 수 있음 • 음악적 소리와 비음악적 소리 구별	음고, 리듬
3세	• 음고, 속도 개념 발달하기 시작함 • 리듬 능력이 더 향상됨 • 음악에 맞추어 걷고, 달리고, 뛸 수 있음	음고, 속도
4세	• 음높이와 속도를 변화시킬 수 있음 • 목소리를 잘 통제할 수 있음 • 단순한 리듬 선호 • 음색 구분 능력이 있음 • 정확한 음정보다 음 흐름에 의존하여 노래를 부름 • 크고 부드럽고 빠르고 느린 것의 기본 개념 형성 음의 고저 및 음의 장단, 음색의 차이에 관한 개념을 확장함 • 쉬운 선율을 모방하고 간단한 선율 만들 수 있음 • 기억력이 발달됨에 따라 노래 전체를 부르고 리듬과 음의 고저를 더욱 정확히 사용	음고, 셈여림, 리듬, 속도, 선율, 음색
5세	• 복잡한 리듬구조 선호 • 리듬 패턴을 통해 리듬감을 효과적으로 배움 • 리듬의 높낮이에 관한 개념의 확장을 보임 • 리듬과 음높이를 더욱 정확하게 사용 • 대부분의 리듬악기를 연주함 • 장조와 단조의 음악을 구별함 • 비교적 정확한 음정으로 노래 부름 • 신체표현으로 동시에 연결됨 • 레코드 감상을 잘 유도하면 오래 집중함 • 강약과 속도에 주의해 가면서 노래 부름 • 주로 선율에 중점을 둠 • 음고와 리듬에 의해 선율을 식별함 • 돌림노래나 2부 합창도 가능함	음고, 셈여림, 리듬, 속도, 선율, 음색, 화음

출처: 곽영숙(2010).

표 2-2 유아 음악적 표현능력의 발달

연령	듣기	노래부르기	악기다루기	동작능력
출생 ~ 1세	• 0~4개월 정도에도 음악에 따라 달리 반응한다. • 4~8개월이 되면 소리 나는 곳을 향해 적극적으로 고개를 돌린다. • 10개월 이후에는 음악적 선호를 표현하기 시작한다.	• 모음과 자음을 옹알이로 발성화한다.	• 시계소리, 음악소리, 양육자의 소리 등에 관심을 나타낸다.	• 6~9개월이 되면 음악을 듣고 팔을 흔드는 동작을 한다.
1~ 2세	• 음악적 선호가 분명해지며 악기보다는 사람의 목소리를 더 좋아한다. • 적극적 소리탐색이 증가하나 주의집중 시간은 매우 짧다.	• 음악적 특성이 가미된 옹알이가 증가한다. • 어른이 노래를 부르면 한 음절의 음정을 그대로 반복할 수 있다.	• 소리를 만드는 특별한 사람을 찾고자 하며 간단한 리듬악기뿐 아니라 냄비 뚜껑, 그릇 등의 생활용품을 두드려 소리 내는 것을 즐긴다.	• 박자를 맞추지는 못하지만 흔들기, 끄덕이기, 손뼉치기, 리듬 있게 흔들기 등으로 음악에 반응한다.
2~ 3세	• 분명한 리듬이 있는 음악을 좋아하고 음악적 게임의 지시를 따를 수 있다. • 주의집중 시간이 길어져 몇 분 동안은 조용히 앉아서 음악을 들을 수 있다.	• 한 노래를 끝까지 정확하게 부를 수는 없으나 노래부르기 시도를 한다. • 친근하게 듣던 음정을 즐기고 성인에게 노래를 불러달라고 요청한다.	• 실제 악기에 대한 흥미가 증가한다. • 박자에 따라 악기를 다루려 한다.	• 짧은 시간 동안 규칙적인 리듬감에 맞춰 움직일 수 있다. • 음악에 맞추어 동작을 창의적으로 표현한다.
3~ 4세	• 짧은 음악 연주 시 조용히 들을 수 있으나 자신이 들었던 음악에 대해 언어적 반응하기를 피한다.	• 단순한 음정의 노래를 끝까지 정확하게 부를 수 있다. • 정확한 음정과 반복되는 리듬, 가락으로 자발적으로 노래를 만든다.	• 리듬악기를 사용하여 음악의 박자에 맞게 연주할 수 있다. • 노래의 분위기를 악기로 연주할 수 있다. • 타악기나 주변의 물건을 이용해 리듬, 강약, 속도를 표현한다.	• 규칙적인 리듬에 맞춰 움직일 수 있는 시간이 길어진다. • 신체 협응력이 증가한다.
4~ 5세	• 4~5세경이 되면 자신이 들었던 음악에 대해 언어로 이야기 나누는 능력이 확장된다. • 적극적 감상자가 되는 동시에 들으려는 욕구가 증가한다.	• 노래의 정확성이 점차 증가한다. 집단에서 함께 노래하는 것도 즐기며 자신의 차례를 지켜 노래할 수도 있게 된다.	• 다양한 리듬악기로 자신의 노래를 만들기도 하고 노래의 반주나 악기연주를 시도하기 시작한다.	• 노래를 부르면서 손뼉치기, 춤추기와 같은 신체적인 움직임을 동반하는 경향을 갖는다. • 뛰고 스키핑하고 춤출 수 있으며 공을 던지고 받을 수 있게 된다.

출처: 심성경 외(2016).

3. 음악적 능력 발달에 영향을 미치는 요인

모든 인간은 음악을 듣고, 느끼고, 표현하는 등 음악적으로 의사소통을 할 수 있는 능력을 갖고 있으며, 음악적 행동은 문화적 · 지리적 · 인종적 경계선을 초월하여 인류에게 공통적이며 보편적으로 나타난다. 다만 음악 능력의 차이는 유전적 요인의 영향을 받으므로 개인마다 차이가 있으나 유아의 개인이 갖고 있는 음악적 잠재 능력은 좋은 음악적 환경과 교육에 의해 개발된다는 것이다.

특히, 유아기는 음악적 능력이 급속도로 발달하며, 여러 발달 영향 요인 중 환경적 요인에 의해 크게 영향을 받는다. 고든(Gordon, 1997)은 9세까지를 '음악 능력 발달의 민감기'라고 하였으며, 음악적 능력이 유아의 고유한 특성이므로 어떤 환경과 교육이 제공되는가에 따라 유아의 음악적 능력 발달을 촉진시킬 수 있다고 하였다.

따라서 단순한 노래부르기 지도나 악기연주의 기능교육의 측면에서 벗어나 유아의 발달과 음악적 균형을 고려한 적극적이고 의도적인 음악교육과 음악생활을 위한 환경을 조성하여 음악에 지속적으로 흥미를 갖도록 하는 것이 중요하다.

음악적 능력은 음악적 요소들을 이해하도록 도와주는 음악의 인지적 측면과 자신이 이해하고 습득한 음악적 요소들을 스스로 표현해 보도록 음악적 표현의 기회를 통해 발달한다. 즉 음악적 능력은 다양한 음악활동을 통해 자연스럽게 음악적 개념을 알아가고 다시 음악활동을 통해 표현해 보는 과정에서 향상될 수 있다. 이를 위해서는 먼저 음악교육 내용을 영역별로 다양하고 균형적인 활동들로 구성해 주어야 한다. 교사는 유아의 발달 수준에 따른 음악적 능력과 그 특성을 이해한 후 그에 따른 수준별 교육내용에 맞춰 교육방법을 준비하여야 하며, 다양한 음악활동을 언제든지 경험할 수 있는 환경을 마련해 주어야 한다.

가정에서도 소리탐구를 위한 개인 공간을 마련해 주고 다양한 종류의 음악을 제공해 주어 음악적 감수성을 계발해 주는 부모역할이 중요하다. 지역사회 주요거리를 자주 걸어보며 여러 소리 듣기, 동물 소리 듣기, 공원산책하며 소리 듣기, 지역음악회 참석하기, 자기보다 나이 많은 어린이들이 노래하거나 연주하거나 만드는 음악을 지켜보게 하는 것도 도움이 된다.

Chapter 03 음악교육가의 교수법

1. 달크로즈 교수법(Dalcroze Method)

1) 철학적 배경

달크로즈(Emile Jaques-Dalcroze, 1865~1950)는 오스트리아(Austria)의 비엔나(Bienna)에서 출생하여 부모의 고국인 스위스(Swiss)로 이주하여 살면서 어머니에게 음악교육을 받았다. 달크로즈는 1892년에 스위스 제네바 콘서바토리(Geneva Conservatory)의 교수로 있을 때에 그곳에서 화성학과 솔페즈를 가르치면서 몇 가지 문제점을 발견하게 되었다. 그것은 학생들이 연주테크닉은 훌륭하면서도 자신의 감정을 악기를 통해 전달하는 음악적 표현에는 미숙하였고, 화성학 시간에 화성을 수학공식처럼 외우기만 할 뿐 그 소리를 듣지 못한다는 것이었다. 또 음악을 전공하는 학생임에도 불구하고 간단한 멜로디조차 만들지 못하였고 리듬감이 제대로 발달되지 않아 연주할 때 리듬표현이 서툴다는 것이었다. 이것은 음악교육이 귀나 소리 내는 방법을 훈련하는 것에 집중하고 있기 때문이라는 점과 연령이나 문화에 관계 없이 모든 학생들이 음악에 반응하여 몸을 흔들거나, 발로 박자를 맞추는 등 음악을 신체적으로 표현할 수 있는데 주목하고 몸 전체로 훈련하는 음악교육의 새로운 방법을 제안하였다.

달크로즈는 음악교육의 문제점을 해결하기 위해 유리드믹스(Eurhythmics), 솔페이지(Solfege), 즉흥연주(Improvisation) 등 세 분야를 연계시켜 학생들을 가르치는 독특한 교수법을 창안하였다. 달크로즈 교수법은 우리가 음악을 할 때 사용하는 모든 감각기관과 사고의 능력, 감정과 행동으로 나타내는 모든 능력을 조화롭게 발달시키는 데 목적이 있다.

이후 그의 교수법을 지지하는 많은 사람들의 노력에 의해 달크로즈 교수법은 전 세계로 퍼져 나갔고 음악, 무용, 연극 등 다양한 장르의 교육에 쓰이고 있으며, 코다이, 오르프 등의 음악교육자들에게도 영향을 미쳤다.

그는 다음과 같은 음악교육 철학적 배경을 제시하고 있다.

- 음악에서 가장 근본적인 요소는 리듬이다.
- 음악적 리듬은 신체적인 움직임을 통해 학습할 수 있다.
- 음악을 하기 위해 가장 먼저 훈련해야 할 악기는 사람의 몸이다.
- 음악은 온몸으로 듣는 것이다.

2) 음악교육 방법

① 유리드믹스

유리드믹스(eurthythmics)는 아름다운 리듬, 훌륭한 리듬(good rhythm)을 뜻하는 것으로 리듬에 대한 느낌을 몸짓으로 표현하는 음악교육 방법이다. 달크로즈는 처음에 유리드믹스를 음악을 전공하는 대학생들에게 적용하고자 하였으나 후에 유아에서부터 성인에 이르기까지 모든 사람들의 음악성을 계발시키는 데 가장 기초적인 단계의 교육활동으로 적용하였다.

달크로즈는 “음악교육에 있어 가장 중요한 것은 아이들이 음악을 귀로만 듣는 것이 아니고 몸 전체로 들음으로써 음악을 느끼고 음악에 빠져들 수 있도록 해 주는 것이다.”라고 강조하였다. 리듬은 음악을 구성하는 가장 근본적인 요소이며 좋은 리듬 개발이 음악적 발전에 가장 중요한 요소라고 보았다. 이러한 리듬을 포함한 선율 화음의 요소를 신체적인 움직임을 통해 경험하도록 하며, 이것이 음악적 아이디어를 이해하는 데 필수적이라고 하였다. 리듬의 표현은 전적으로 몸의 움직임에 의해 좌우되고 정확한 음악적 표현은 몸의 움직임을 얼마나 정확하고 적절하게 사용하느냐에 따라 좌우된다.

유리드믹스의 기본 원리는 다음과 같다(문연경, 1999).

- 리듬을 치거나 발을 구르는 것과 같은 단순한 신체활동뿐만 아니라 몸 전체를 사용하는 경우 리듬을 더 명료하게 인식할 수 있다.
- 자신의 움직임을 스스로 조절할 수 있을 때 리듬을 올바르게 표현할 수 있으며 신체적인 조화도 이루어지게 된다.
- 리듬을 몸 전체로 표현할 때 몸, 마음, 감정은 통합되어 나타난다.
- 자신이 들었던 것을 행동으로 표현하는 과정을 통하여 '청음'의 능력을 발달시킬 수 있다.
- 리듬에 따른 느낌을 신체를 이용하여 자유롭게 표현함으로써 창조적인 면을 기를 수 있다.
- 음악을 들으며 자유롭게 몸을 움직이는 경험을 통해 모든 예술작품에 대한 감각이 열린다.

달크로즈는 유리드믹스 수업이 단순하게 음악에 맞춰 동작을 반복하는 율동 수업이 되는 것을 막기 위해 5가지 음악 게임의 형태를 바탕으로 유아의 '청음 능력'과 '창의적인 표현 능력'을 향상시키는 다음과 같은 방법을 고안하였다.

㉠ 빠르게 반응하기(Quick Reaction)

㉡ 따라 하기(Follow)

㉢ 메아리 모방(Interrupted Canon)

㉣ 중복 모방(Continuous Canon)

㉤ 보충 게임(Replacement Exercise)

이러한 게임을 통해 음악을 귀로 듣고 머리로 분석하여 몸으로 표현해 내는 과정을 거친 유아들은 음악을 빠르고 정확하게 해석할 수 있는 능력을 갖출 수 있게 되고, 음악적 감수성이 뛰어난 좋은 음악가로서의 자질을 갖추게 된다.

② 솔페이지

솔페이지는 계명으로 노래부르는 활동을 통해 내청(inner hearing)능력과 음형(tonal pattern)의 기억 능력 계발을 위한 것이다. 달크로즈의 솔페이지 방법은 고정 도법(fixed do)에 의한 것으로 조(調)와 상관 없이 C음을 항상 '도'로 부르는 방법이다. 이는 절대음감을 훈련하기 위한 것으로 유아들이 악기를 다루기 전부터 선행되는 것이 좋고 시기는 이르면 이를수록 좋다.

달크로즈 음악교육에서는 계이름으로 노래부르기를 하며 악보 읽기를 시작하지 않고, 음악에 적극적으로 신체반응을 하고 소리를 내는 등의 활동을 거친 다음에 악보 읽기와 악보 적기를 한다. 달크로즈는 5단계의 지도방법으로 악보 읽기를 지도하였으며 유아의 경우는 한줄 악보를 먼저 사용하고 그 다음에 두줄 악보를 사용하도록 지도한다.

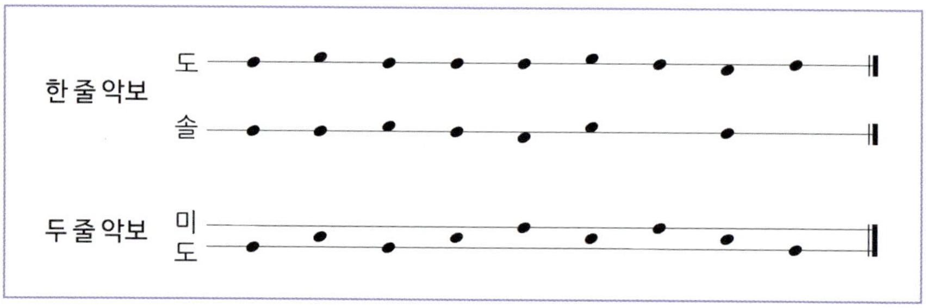

③ 즉흥연주

달크로즈는 학생들의 잠재된 창의성을 끌어낼 것을 목적으로 즉흥연주(improvisation)를 강조하였다. 즉흥연주를 하기 위해서는 화성, 셈여림, 박자, 조성, 템포(Tempo), 음역, 아티큘레이션(Articultion), 리듬 등에 일정한 패턴을 주어 그것을 즉흥적으로 전개시켜 음악능력을 향상시키도록 하였다(박애리, 2004).

달크로즈의 즉흥연주는 악기뿐만 아니라 표현, 목소리, 동작, 몸짓, 표정 등 다양한 것을 통하여 이루어진다. 악기 즉흥연주는 노래와 관련된 가사가 없다는 점에서 목소리 즉흥연주보다 효과적이다. 악기 중에서 피아노는 음의 높낮이와 셈여림을 자유롭게 표현하기에 유용하기 때문에 피아노를 가장 많이 사용하였으며, 모든 일상생활을 즉흥연주와 연관시키도록 하였다.

2. 코다이 교수법(Kodaly Method)

1) 철학적 배경

코다이(Zoltan Kodaly, 1882~1967)는 헝가리(Hungary)의 대표적인 음악가로 헝가리 민족의 문제를 의식하고 헝가리의 음악적 본질 위에서 음악과 음악교육을 구축한 음악교육학자이자 민속학자, 작곡가, 지휘자, 교육자이다. 20세기의 졸탄 코다이는 1882년 12월 16일 헝가리 중부 케치케메트(Kecskemet)에서 태어났다. 졸탄 코다이의 아버지는 전문음악인은 아니었지만 상당한 수준의 바이올린 연주 실력을 가졌고, 어머니는 피아노와 성악에 소질이 있었다. 코다이는 리스트(Liszt) 음악원에서 작곡 공부를 하였고, 부다페스트(Budapest) 대학에서 철학을 공부하였다. 그는 부다페스트 대학교 시절 1903년, 국립박물관 민족학부에서 원통 녹음기에 녹음된 음악으로 헝가리 민속악의 연구를 시작하면서 헝가리 민요에 대해 큰 관심을 갖고 민요를 수집하게 되었고 바르톡(Bartók Béla)과 함께 헝가리의 전 지역을 순회하면서 헝가리 음악을 수집하여 <헝가리 민요집(Hungarian Folk Songs)>이 출판되었다.

그는 유아의 성장과정 중에서 음악이 가장 기본적인 역할을 하며, 듣고 말할 수 있는 정상적인 유아는 누구나 다 음악성 개발이 가능하므로 유아에게 음악을 먼저 가르쳐야 한다고 주장하였다. 또한 음악교육의 시작은 태아기부터 시작하여야 하며 음악교육에서 가장 중요한 시기는 3~4세 시기라고 하였다.

코다이는 어린이들에게 적합한 가창 교재와 귀를 훈련시키는 교육 자료들을 만들었다. 그것은 다름 아닌 민요였다. 각 나라마다 민요를 가지고 있는데 이 민요들이야말로 학생들을 가르치기에 가장 적합한 것이다. 왜냐하면 민요는 그 나라의 말로 부르기 가장 좋고, 모국어의 알맞는 억양과 국민적 요소를 담고 있는 음악이기 때문에 귀에 익숙하여 음악의 새로운 기초적 요소를 가르치고 보여주는 데 알맞기 때문이다.

코다이는 음악 교육 중에서 특히 노래부르기를 강조하였는데, 그것은 인간의 목소리는 누구나 갖고 있는 자연스러운 악기이며, 이를 통해 내적 음악성을 발전시키고 음악적 의미를 찾고 사고를 표현할 수 있기 때문이다. 유아들에게 어린 시기부터 노래를 계속 들려주고 지도하면 악기의 도움 없이도 절대 음감으로 정확하게 노래할 수 있게 된다고 하였다. 코다이 음악교수법은 민요를 강조하고 이를 이용한 합창교육으로 내청을 개발하고 음악을 읽고 쓰고 이해할 수 있도록 하여 음악적 능력향상과 함께 지적 발달 및 정서적인 발전을 도모할 수 있는 방법이다.

코다이 음악교육의 철학적 배경은 다음과 같다.

- 음악은 모든 사람의 것이다.
- 음악은 유아의 적극적인 참여에 의해 경험되어야 한다.
- 음악은 모국어를 배우듯 습득하여야 한다.
- 목소리는 모든 사람에게 주어진 악기이다.
- 음악은 어린이들의 매일의 일과로서 경험되어야 한다.
- 어린이를 존중하고 관심을 가져주며 음악적 능력을 최대한 향상시켜 줌으로써 전인적인 성장에 도움을 주어야 한다.

2) 음악교육 방법

유치원에서 노래를 배우고 부르는 것은 억지로 하는 것이 아니라 유아들에게 즐거움을 줄 수 있는 방법이어야 한다. 그리하여 유아들이 좋은 음악을 갈망하도록 서서히 이끌어 가는 것이고, 그 갈망이 일생 동안 남을 수 있도록 하는 것이다. 유아들이 스스로 음악에 참여하게끔 동기를 유발하는 방법은 바로 '다같이 노래부르기'에 있으며, 노래부르기와 함께 음악놀이, 그리고 춤 등을 통해서 자연스러운 음악 참여가 이루어져야 한다.

① 리듬지도

코다이 교수법에서 리듬은 음악의 3요소 중 가장 기본적이고 음악의 근간이며 핵심으로 다른 음악적 요소보다 완전하게 학습되어야 한다고 하였다. 음정을 가르치기 전에 리듬 감각을 습득할 수 있도록 리듬에 이름을 붙여 말하고 들으며 이해하는 도구가 되도록 하였다. 박(拍, beat)의 길이에 따라 적당히 리듬 음절을 사용하여 익히도록 하였고, 초보단계는 음표의 기둥만으로 주로 리듬과 선율을 간략하게 표기하는 방법을 사용하였다.

리듬 지도는 먼저 박(拍, beat)을 느끼고 들을 수 있도록 손뼉치기, 걷기, 발 구르기, 무릎치기 등 신체동작으로 음표와 쉼표의 길이를 파악하고 표현해 보는 것으로 시작한다. 의성어로 리듬말을 지도하고 리듬기호나 그림을 사용하여 리듬 패턴을 지도한다. 그는 음표 길이에 따라 '타'(♩, 4분음표) '티'(♪, 8분음표) 등의 언어적 음절을 고안하였다. 음표는 세로줄만으로 나타내는 막대기 기보법을 고안하였으며, 초기단계 시창 학습으로 날으는 음표(Flying Note)와 음계사다리(Tonal Ladder)를 만들어 지도하였다.

코다이식 리듬읽기

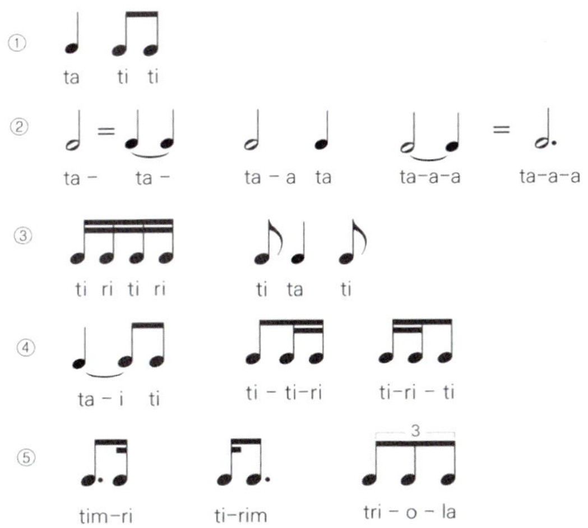

② 계명으로 노래부르기

코다이는 독보와 기보의 능력은 음악 학습과 활동의 기초능력이므로 필수적으로 습득해야 한다고 했다. 코다이의 노래부르기 지도는 이동도법에 의한 계이름으로 노래부르기이다. 이동도법은 도(C)음이 조(調, key)에 따라 바뀌는 것으로 코다이는 이동도법이 각 계명 사이의 음정이 일정하므로 정확한 음정으로 노래를 부를 수 있다고 하였다. 계명으로 노래부를 때 계명의 음정과 손기호를 동시에 사용하여 지도함으로써 보다 쉽게 가락을 익힐 수 있도록 하였다. 코다이는 대부분의 아이들이 반음 음정을 정확히 부르지 못한다는 것을 알고 5음 음계(PentatonicScale)를 선택하여 지도하였다. 5음계 계명창은

㉠ 솔－미

㉡ 라－솔－미

㉢ 미－레－도

㉣ 솔－미－레－도

㉤ 라－솔－미－레－도 의 순서에 따라 단계적으로 지도하였다.

이동도법에 의한 계이름 부르기

다(C) 장조

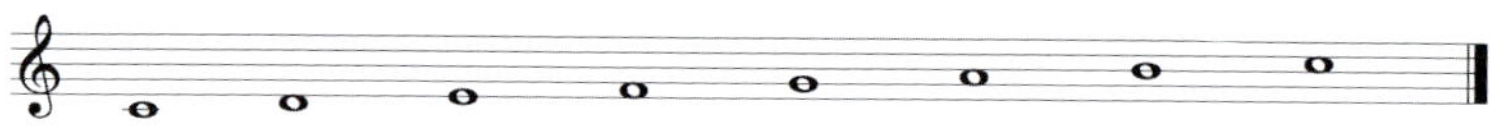

음이름 :	도	레	미	파	솔	라	시	도
계이름 :	도	레	미	파	솔	라	시	도

사(G) 장조

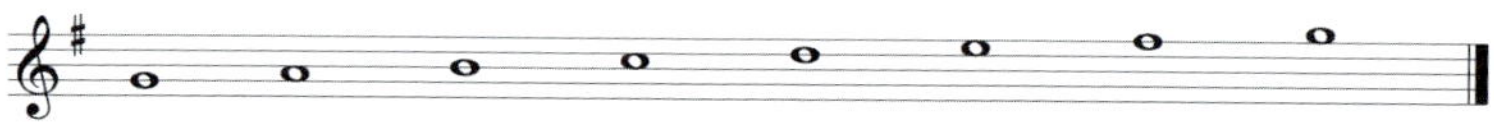

음이름 :	솔	라	시	도	레	미	파	솔
계이름 :	도	레	미	파	솔	라	시	도

노래부르기는 음악의 모든 요소를 가르치기에 가장 간편하고 쉬운 방법이다. 목소리를 통해 음악성을 향상시키고 아름다운 연주를 할 수 있는 방법으로써, 노래부르기를 원하는 마음과 정확한 음을 낼 수 있는 귀만 가지고 있으면 가능한 방법이다. 노래부르기를 통해 음악적 기초 실력과 내청 능력을 발달시켜 유아들이 음악의 모든 요소를 느끼고 배우기에 가장 적합한 방법이라 할 수 있다.

실제 노래부르기를 지도할 수 있는 방법으로 응답 노래부르기가 있다. 교사가 수업을 시작할 때, '안녕하세요?' 또는 '여러분 안녕?' 등의 말을 붙여서 간단한 음으로 된 노래를 만들어 부른다.

③ 손기호

코다이 교수법에서는 계명창을 할 때 음높이를 정확하게 부르기 위해 손기호를 사용한다. 손의 높이와 모양을 통하여 공간에 음높이를 지각할 수 있도록 도와주는 방법으로 음 높이를 가르치는 데 유용하며 음정연습을 하거나 어려운 음정을 가르치는 데 적절하다.

손 기호 표시법은 영국의 존 커웬(John Curwen)이 처음 만든 것을 상황에 맞게 적용한 것으로 손의 위치와 모양으로 음정의 높이를 나타내서 음정에 대한 감각을 기르고자 한 것이다. 그는 손기호와 계명으로 노래부르기를 하면 계명 노래부르기 능력이 더 강화된다고 하였다.

코다이 손기호

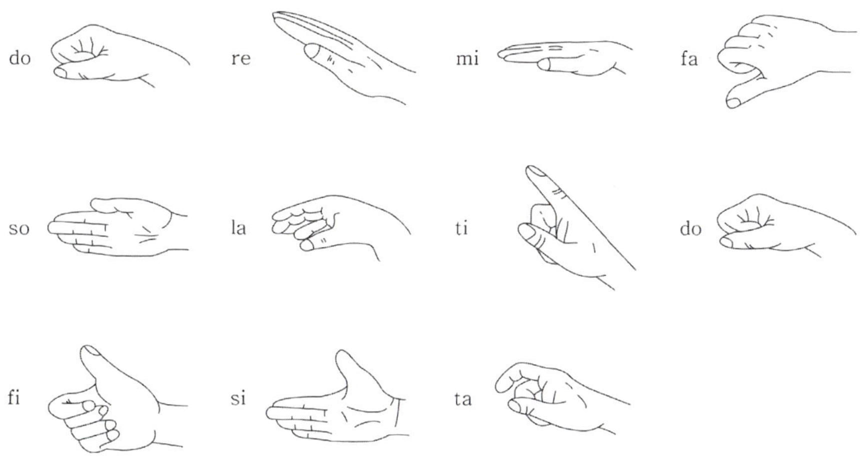

3. 오르프 교수법(Orff Schulwerk Method)

1) 철학적 배경

오르프(Carl Orff, 1895~1982)는 독일 뮌헨(Munchen) 출생의 작곡가이며 음악교육의 새로운 방향을 제시한 음악교육자이다. 오르프는 어려서부터 음악적 천재성을 보였고 어머니의 도움으로 작곡과 연주활동을 활발히 하였다(김영연, 2016). 그는 당시 유럽에 확산되어 있던 민족주의 사상에 입각해 생활하면서 일어나는 모든 것들을 교육소재로 보았고, 흥미중심의 창조적 음악관을 갖고 교육에 임하였다(이경인, 2004).

오르프는 1950년부터 1954년 사이 세계대전 이전에 만들어진 악곡을 모으고 보완하여 다섯 권의 <슐베르크(Schulwerk)>를 출판하였는데, 이후 이것은 오르프 음악교육 방법의 대명사로 떠오르게 되었다. 슐베르크에서는 음악, 말, 동작의 삼위일체 교육을 강조하였으며, 리듬교육의 새로운 방안을 창안하였고 특별한 악기를 고안하여 사용하였다.

오르프는 음악 교육의 목적을 전인교육으로 보고, 유아시기의 음악교육을 중요하게 여겼으며, 특히 리듬교육을 강조하였다. 인간이 원시사회에서 현대사회로 발전한 것과 마찬가지로 음악교육도 원시적 형태에서부터 시작해야 한다는 철학을 갖고 언어와 춤을 통해 음악을 만들고자 하였으며, 기초음악을 사용하여 음악을 자연스럽게 느끼고 표현하도록 하였다. 기초음악이란 단순히 구조와 반복되는 음형을 가진 축소된 론도형태의 음악으로 동작과 율동, 언어가 함께 존재하는 음악을 의미한다.

오르프는 자연적인 음악활동을 중요시하기 때문에 세련되고 섬세하지 않더라도 즉흥적인 음악표현을 강조하였다. 즉흥연주는 기초 음악에서 중요한 부분을 차지하고 있으며, 이러한 즉흥연주는 쉽고 자연스러운 음악활동으로 시작하여 점차 발전되고 심화된 음악활동으로 전개되며 유아들의 음악성과 창의성을 계발하는 것을 목표로 한다.

오르프의 음악교육 철학은 다음과 같다(박애리, 2004).

- 음악적 리듬은 유아의 말, 동작과 함께 일어난다.
- 유아들에게 음악학습은 언어, 놀이, 동작, 노래부르기는 통합적으로 이루어지는 총체적 경험이어야 한다.
- 음악은 유아들에게 직접적인 경험이어야 한다. 즉 유아에게는 두드리고 부딪치고 흔들고 굴리며 만들어내는 소리들이 음악이다.
- 음악적 경험은 어릴 때 시작되어야 한다.

2) 음악교육 방법

(1) 오르프 교수법의 학습단계

오르프 교수법의 학습단계는 학교음악의 교과과정을 만드는 것이 아닌 음악에 참여할 수 있는 기회를 제공해 주기 위해 오르프가 구성한 것이다(윤영배, 2008). 학습단계 과정을 통해 학습자는 모방과 탐색, 악보 읽기 쓰기 단계를 거치게 되고, 이러한 준비단계를 마친 후에 오르프 교수법에서 가장 핵심 음악활동인 즉흥연주를 접하게 된다. 따라서 모방과 탐색의 과정은 매우 중요하다. 모방을 통해 음악을 변형하거나 호기심을 불러일으키면서 자연스럽게 탐색을 하게 되고, 내적 동기의 자극이 일어나 창조의 욕구가 발생되며, 자신이 창작한 음악을 기록하는 작업을 하게 된다. 이후 즉흥연주를 통해 창의적 경험과 성취감을 제공받을 수 있다.

① 모방

모방(imitation)은 가장 많이 이용되며 기초음악 학습과정에 있어 필수적인 역할을 하는 것으로 유아들이 시각과 청각을 통해 음악을 배우는 방법이다. 모방은 크게 동시모방, 기억모방, 중복모방으로 나뉜다. 모방활동에서 가장 중요한 점은 유아들이 모방을 통해서 오르프 수업방식에 친숙해진다는 점이며 적극적으로 수업에 참여하게 한다는 것이다. 각각의 모방활동은 오르프의 모든 학습매체인 말하기, 노래부르기, 신체표현, 악기연주에서 사용될 수 있다.

• **동시모방**
동시모방은 교사가 유아보다 먼저 어떤 행동을 하고 난 뒤 유아가 그 행동을 동시에 똑같이 따라 하는 방법이다. 이러한 동시모방을 통해 교사와 유아는 음악적 요소를 서로 주고받으면서 유아가 멜로디와 리듬, 말리듬 등을 익히게 된다.

• **기억모방**
기억모방은 메아리 모방이라고도 불리며 교사의 동작 음성 리듬 패턴 등을 경험하고 일정 시간이 지난 뒤에 재현하는 것이다.

• **중복모방**
중복모방은 캐논 모방이라고도 하며 돌림노래와 같은 방식으로 이루어진다. 교사가 먼저 A동작을 하고 B동작을 할 때, 유아는 A동작을 모방하고, 다시 교사가 C동작을 할 때 유아는 B동작을 한다. 중복모방은 동시모방과 기억모방보다 난이도가 높기 때문에 음악적 경험이 부족하거나 신체발달이 미숙한 유아에게는 어려울 수 있다.

② 탐색

탐색(exploration)은 이미 배운 것을 새로운 아이디어를 적용해 보는 과정을 말한다. 유아에게 익숙한 음악을 다른 부분과 바꾸거나 다른 방식으로 바꾸어서 새로운 느낌의 노래로 부르면서 자연스럽게 음악에 요소를 파악할 수 있게 된다. 오르프 수업에서 교사는 항상 유아들이 배운 것을 새로운 방법으로 연주해 볼 수 있는 계기를 찾도록 이끌어야 하며, 이러한 음악 탐색의 체험은 즉흥연주 과정으로 향하는 중요한 단계가 된다. 오르프 교수법에서의 탐색활동은 소리에 대한 탐색과 공간에 대한 탐색, 형식(짜임새)의 탐색으로 나눌 수 있다(윤영배, 2008). 예를 들어 지금 연주한 것보다 좀 더 빨리 연주해보거나 부드럽게 연주하려면 어떻게 할지를 질문하여 음악을 다양하게 탐색할 수 있는 기회를 제공할 수 있다.

• **소리에 대한 탐색**
주변 환경에서 다양한 소리들을 주의 깊게 듣고 그 소리가 갖고 있는 특성을 파악하는 것이다. 또한 악기를 두드려보거나 연주해 보면서 악기가 갖고 있는 소리의 특성과 지속성이 악기마다 어떻게 다르게 나타나는지, 소리의 파동이나 움직임은 어떠한지 확인한다. 유아는 이러한 소리들을 탐색하면서 음악의 요소인 강약, 악센트, 음색, 속도 등을 경험하게 된다.

- **공간에 대한 탐색**
  유아는 악기연주나 신체활동과 같은 활동을 위해 자신이 있는 공간의 크기나 위치, 분위기와 같은 것들을 탐색해 볼 수 있다. 이때 유아는 자기 자신이 움직이는 방향이나 움직임의 크기, 범위 등을 가늠해볼 수 있고 계획해나갈 수 있다(김혜영, 2015).

- **형식의 탐색**
  형식의 탐색은 소리의 탐색과 공간의 탐색이 동시에 이루어지는 것이다. 이 두 탐색을 함께 조합하여 신체동작과 무용을 일정한 틀로 구성하여 연출하는 것을 말하며 이러한 과정을 통해 유아는 시공간적 특성 안에서 음악적 경험을 표출할 준비를 한다(김혜영, 2015).

③ 읽고 쓰기

오르프는 음악을 읽고 쓰는 것을 가르치는 시기와 원칙은 정해놓고 있지 않으며, 처음부터 악보를 읽고 쓰는 것을 가르치는 것은 좋은 방법이 아님을 강조하였다.

악보 읽고 쓰기(literacy)는 유아들이 탐색과 즉흥연주 경험을 통해서 자연스럽게 배우도록 소개되어야 하며, 모방과 탐색 활동이 익숙해지고 난 후 악보를 읽고 쓰는 활동을 시도해야 한다. 유아들이 즉흥연주로 창작된 리듬이나 선율을 기록해서 보존하기 원할 때 유아들에게 기보법의 필요성을 깨닫게 할 수 있다. 그리고 교사의 경험을 바탕으로 유아가 음악 용어를 쉽고 정확하게 배울 수 있는 방법을 사용하는 것이 가장 바람직하다.

④ 즉흥연주

즉흥연주(improvisation)는 이전의 음악적 경험을 바탕으로 새로운 것을 창조하는 과정이다. 즉흥연주는 보다 높은 단계의 음악적 능력으로 모방, 탐색, 악보 읽고 쓰기는 바로 이 즉흥연주를 위한 기초 단계라 할 수 있다.

유아의 즉흥연주는 세련된 연주를 말하는 것이 아니라 스스로 음악을 창의적으로 생각해내는 과정을 경험 해보게 하는 것이다. 교사는 유아의 수준에 알맞은 자료를 제공할 때 유아 자신의 음악을 만들고 즐기는 것을 가능하도록 할 수 있다. 오르프의 모든 매체를 사용하여 자신들이 가진 다양한 음악적 요소와 기술에 기초하여 즉흥연주를 할 수 있게 된다.

(2) 오르프 교수법의 음악활동

오르프 교수법의 음악활동은 음악과 언어, 동작을 하나의 연결선상으로 하여 신체표현, 악기연주, 음률표현 등을 적극적이면서 다양하게 펼쳐나가는 통합 활동을 위한 교수학습방법이다. 이를 위한 오르프 음악활동은 말하기와 노래부르기, 신체표현, 악기연주로 구성되어 있다. 이 음악활동들은 독립적이고 단계적으로 적용되기도 하고 통합적으로 활용되기도 한다.

① 말하기

오르프는 음악 교육은 말하기에서 시작하는 것이 자연스러운 접근이라고 하였다. 낱말, 이름, 속담, 동시 등 친숙한 말에 리듬을 넣으면 음악이 된다. 익숙한 말 가운데 리듬감 있는 패턴을 발견하도록 하며 크게-작게, 높게-낮게, 빠르게-느리게 등 여러 가지는 형태로 말하면서 악센트가 주는 다양한 효과를 경험하게 한다.

> **예** 속담을 소재로 한 리듬 찬트
>
> ♩ ♪ ♪ ♩ ♪ ♪
> 누 워서 떡 먹기
>
> 출석부르기를 소재한 리듬 찬트
>
> 김 지니 부르 면 네 네 선생님
> ♩ ♪♪ ♪♪ ♩ ♩ ♩ ♪♪♩

② 신체동작

음악지도에서 기기, 걷기, 달리기, 돌기, 손뼉치기, 발 구르기 등 영유아의 자연스러운 움직임을 활용하면 음악 교육을 하는 데 효과적이다. 처음에는 교사를 모방하여 시작하여 점차 복잡한 동작을 표현하는 기회를 가지는데, 교사가 동작을 먼저 하면 그것을 기억하여 따라

하다가 점차 음악과 관련하여 다양하고 복잡한 동작으로 표현하도록 한다.

> 예 ㉠ 기본 동작 익히기(걷기, 달리기, 기기, 껑충 뛰기, 휙 돌기, 발 구르기, 뛰기 등)
> ㉡ 신체의 각 부분 인식하기
> ㉢ 동작 모방하기
> ㉣ 말에 맞는 동작하기
> ㉤ 음, 선율에 맞는 동작하기
> ㉥ 여러 가지 동작 만들기

③ 노래부르기

최근 많은 교사와 학부모들은 노래하기의 중요도보다는 피아노, 바이올린 같은 악기교육을 더 중요하고 신중하게 생각한다(한국오르프음악교육연구소, 2010). 그러나 오르프는 자신의 신체가 음악을 경험하는 데 있어 가장 좋은 악기라고 생각했으며, 모든 인간은 최고의 악기를 갖고 태어난다고 생각하였다. 따라서 항상 유아에게 자신의 목소리가 가장 좋은 악기라는 것을 인식시켜 줄 필요가 있으며 노래부르기에 대한 체계적인 지도가 필요하다.

노래지도는 먼저 '솔－미'의 하행 단 3도 음정을 가지고 단순한 선율을 만들어 응답하기를 익히고, 점차 '라', '레', '도' 순으로 음을 추가하여 지도한다. 이렇게 추가된 다섯 음계(솔 미 라 레 도)를 펜타토닉(Pentatonic)이라고 하는데, 펜타토닉은 노래하기가 쉽고 반음이 없기 때문에 어떤 음을 연주하더라도 심한 불협화음을 초래하지 않아 즉흥연주활용에 적절하다(김지연, 2015).

④ 악기연주(instrument)

오르프는 유아의 발달 정도에 따라 쉽게 연주할 수 있는 원시적 매력을 가진 악기를 권하였다. 그래서 피아노나 바이올린과는 달리 유아가 다루기 쉽고 연주할 수 있도록 특별한 악기를 고안하여 사용하였다. 오르프 교수법에서 사용되는 악기는 다양하게 구성되어 있는데, 신체타악기와 무선율 타악기, 선율 타악기, 리코더, 현악기 등으로 구분할 수 있다.

㉠ 신체타악기

신체 타악기는 손가락 튕기기(finger snapping), 손뼉치기(clapping), 무릎치기(knee slapping), 발 구르기(stamping)로 구분할 수 있다

㉡ 무선율 타악기

무선율 타악기는 음정의 높낮이가 없고 주로 세계 여러 나라의 민속 타악기들로 구성되어 있다. 이 무선율 타악기는 소리의 원리나 효과, 악기의 재질에 따라서 금속 울림 타악기, 나무 울림 타악기, 가죽 울림 타악기, 큰 타악기의 네 가지로 구분할 수 있다(김혜영, 2015).

㉢ 선율 타악기

선율 타악기는 칼 오르프가 1920년대에 개발한 건반 타악기이다(한국오르프음악교육연구소, 2010). 선율 타악기는 유아가 쉽게 연주할 수 있도록 건반의 탈착이 가능하게 되어 있고, 유아의 쉬운 연주를 돕기 위해 크기를 소형화하였다.

㉣ 리코더와 현악기

오르프 교수법에서 주로 사용되는 선율 악기는 리코더이다. 리코더는 단순한 운지법으로 쉽게 소리를 낼 수 있어 유아들이 쉽게 다룰 수 있고 다른 선율 타악기들과 음색이 잘 어울리기 때문에 지금도 연주에 많이 사용되고 있다. 반면 현악기에는 바이올린, 비올라, 첼로, 더블베이스, 달시머 등이 있지만, 유아가 연주하는데 어려움이 있기 때문에 수업에서는 잘 사용하지 않는다.

표 3-1 오르프 악기의 종류

구분	악기이름	
타악기	선율 타악기	실로폰, 글로켄슈필
	무선율 타악기	메탈로폰, 트라이앵글, 핑거심벌, 가우벨, 아고고벨, 우드블록, 클라이브스, 봉고, 핸드드럼, 작은북, 큰북, 팀파니, 휘슬, 레인메이커, 에크쉐이크, 사이렌
관악기	리코더	
현악기	첼로, 비올라	

오르프 선율 타악기

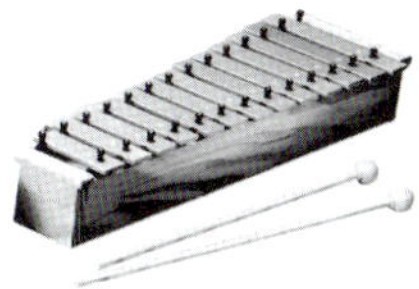
[소프라노 글로켄슈필]

[알토 글로켄슈필]

[소프라노 자일로폰]

[알토 자일로폰]

[베이스 자일로폰]

[소프라노 메탈로폰]

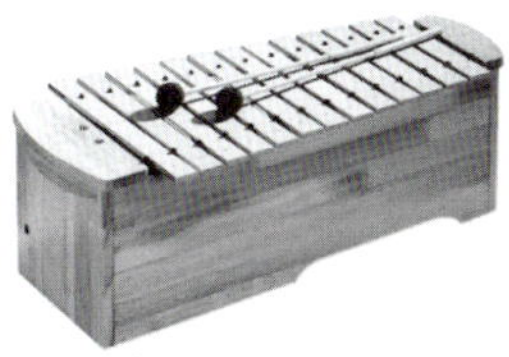
[알토 메탈로폰]

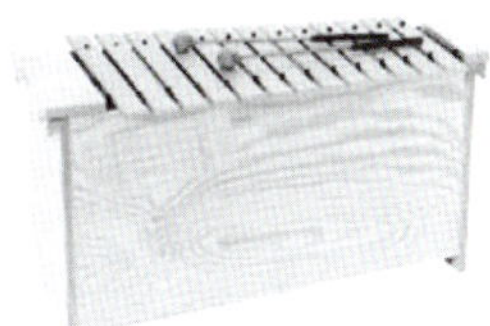
[베이스 메탈로폰]

오르프 가죽울림 타악기

[핸드드럼]

[탬버린]

[봉고]

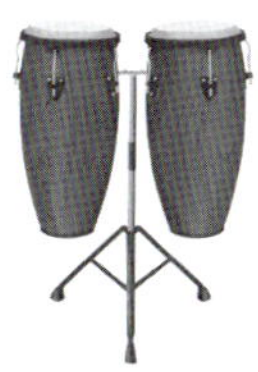
[콩가]

[패들드럼]

[롤리팝드럼]

[큰북]

[젬베]

[팀파니]

오르프 나무 소재 타악기와 기타 소재 악기

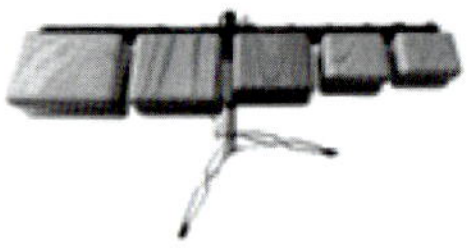
[템플블록]

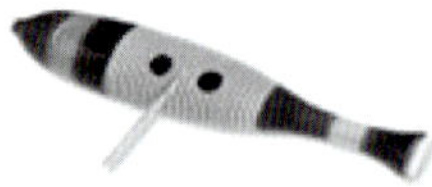
[귀로]

[우드블록]

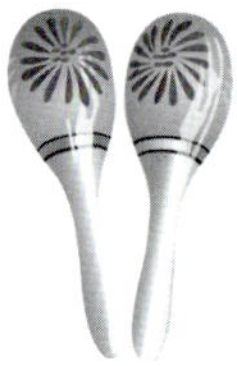
[마라카스]

[클라베스]

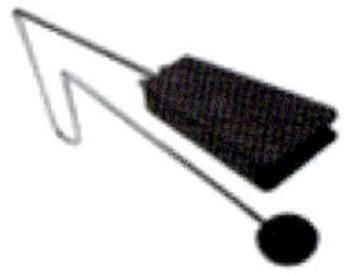
[비브라슬랩]

[레인스틱]

[손목방울/징글]

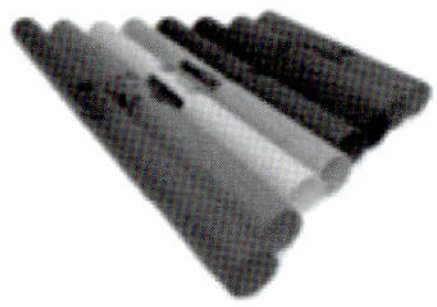
[붐웨커]

오르프 금속 소재 타악기

[트라이앵글]

[카바사]

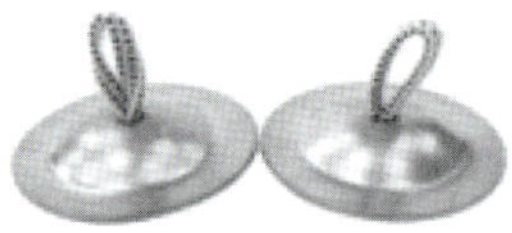
[핑거심벌즈]

[공명벨]

[카우벨]

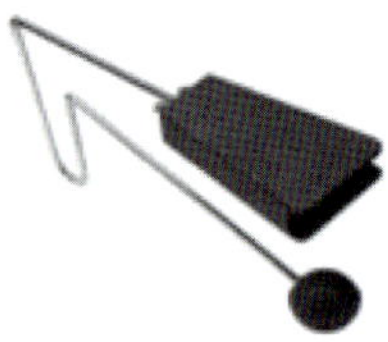
[비브라슬랩]

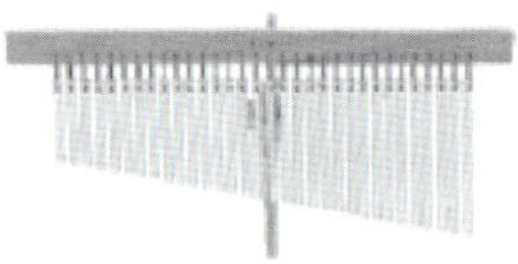
[윈드차임]

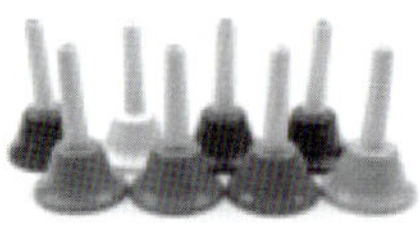
[핸드벨]

[터치벨]

4. 고든의 교수법(Gordon Method)

1) 철학적 배경

에드윈 고든(Edwin Gordon, 1927~2015)은 음악소질에 관한 연구와 음악 학습이론에 관한 연구를 한 미국의 음악교육자이며 연구자이다. 고든은 1979년부터 1997년까지 템플대학교에서 음악 교육 연구를 담당하는 교수로 재직하였고, 뉴욕 주립대학교 버팔로와 아이오와 대학교에서 음악 교수로 재직했다. 그는 아이들이 왜 음악을 배워야 하는지, 어떻게 하면 효율적으로 음악교육을 받을 수 있는지에 대해 끊임없는 연구를 하였다. 그는 모든 유아는 음악적 잠재력과 적성을 가지고 있는데 이는 신생아로부터 유아기 동안의 환경에 절대적으로 의존한다고 하였으며, 음악은 인간의 발달에 있어 언어만큼이나 기본적이라고 하였다. 따라서 음악을 배우는 데 있어 모국어를 배우는 것과 같은 방식의 환경을 조성하여 아이들이 음악을 느끼고 자연스럽게 음 언어를 터득할 수 있도록 도와주어야 한다. 또한 음악이론이나 악보 읽기를 통해서가 아니라 반드시 소리로 듣고 경험하는 것을 통해 배워야 한다. 또 사람이 음악을 배우고 가르치는 데도 정해진 순서대로 해야 효과적이라고 하였다.

고든의 음악교육 철학은 다음과 같다.

- 음악교육은 음악을 이해하고 즐기는 능력을 기르는 것이다.
- 모든 유아는 음악적성을 가지고 태어나며 좋은 음악적 환경에서 소질은 향상된다.
- 음악을 배우는 과정은 언어를 배우는 것과 같이 생각하는 과정이 필요하다.

2) 음악교육 방법

(1) 오디에이션

고든은 유아들이 음악을 이해하고 즐기는 능력(music appreciation)을 기르는 것을 음악교육의 기본 목표로 보고 유아가 음악을 이해하고 즐길 수 있으려면 반드시 음악을 오디에이션(audiation)할 수 있어야 한다고 하였다. 음악은 한 번에 전체를 볼 수 있는 건축, 회화, 조각 등과 달리 듣는 순간 지나가버리는 특성이 있으므로 음악을 전체적으로 이해하기 위해서는 순간순간 접하는 음악의 각 부분들을 저장하고 재생하는 능력이 요구된다(최은식, 1991).

오디에이션이란 소리가 물리적으로 존재하지 않을 때 소리가 들리거나 느끼는 개별적인 감각, 즉 마음으로 듣고 이해하는 능력을 말한다. 오디에이션은 단순히 음악을 귀로 듣는 것과는 다르며, 언어로 생각하는 것과 같다. 누군가 말하는 것을 들을 때 그 소리가 나타내는 단어를 인식하고 의미를 이해하고 기억하게 된다. 마찬가지로 음악을 들을때도 듣게 되면 이전에 알고 있던 음조와 리듬을 바탕으로 다음에 무엇이 올지 예측할 수 있는 능력이 오디에이션이다.

예를 들어 '곰 세 마리' 노래 제목을 말하면 각자 나름의 형태로 마음속으로 그 노래를 생각할 수 있다. 실제로 들리지 않지만 경험했던 음악을 듣고 있는 것이다. '곰 세 마리'가 몇 박자 곡인지, 무엇으로 연주한 곡인지 생각할 수 있다. 더 나아가 피아노 코드를 알 수 있다면 오디션 능력이 더 뛰어난 것이다.

음악을 진정으로 이해하고 즐기기 위해서는 오디에이션 능력이 절대적이므로 고든의 음악 교육은 오디에이션 능력을 키우는 데 목표를 두고 있다.

(2) 오디에이션 학습 과정

오디에이션은 음악의 여러 가지 활동을 통하여 배운다. 음악을 듣거나 연주하기, 음악을 읽거나 쓰기는 물론이고 여러 음악활동을 통해 오디에이션을 배울 수 있다. 고든은 오디에이션 교육은 먼저 소리를 통해 먼저 익숙해진

후에 악보를 배우는 과정이며, 8개의 단계로 구분할 수 있다고 하였다.

이것은 크게 암기 학습 영역과 추론 학습 영역으로 나뉜다. 암기학습 영역은 1단계에서 5단계까지로 단순히 배운 것을 받아들이는 과정이고, 추론 학습 영역은 6단계부터 8단계에서 일어나며 암기 학습 단계에서 배운 것을 토대로 음악을 이해하고 창작하는 보다 적극적이고 스스로 배우는 단계이다.

오디에이션 학습의 8단계는 다음과 같다.

① 1단계: 듣기

음악을 들으면서 이루어지는 오디에이션으로 익숙하거나 낯선 음악들을 때 그 음악을 이해하게 된다. 이는 마치 다른 사람의 말을 들으면서 핵심단어들을 재구성함으로써 의도를 파악하는 것과 같다.

② 2단계: 읽기

악보를 읽으면서 이루어지는 오디에이션으로 익숙하거나 낯선 음악 악보를 읽으면서 마음속으로 연주하고 음악을 떠올린다. 이러한 오디에이션이 없는 독보는 암호를 해독하는 것 이상의 의미는 없다.

③ 3단계: 쓰기

익숙하거나 낯선 음악을 듣고 악보를 적어보는 과정에서 이루어지는 오디에이션 유형이다. 이는 1단계, 2단계 형태의 오디에이션 능력이 선행되어야 한다.

④ 4단계: 회상하여 연주하기

익숙한 음악을 악보 없이 기억하여 목소리 또는 악기로 연주하면서 이루어지는 오디에이션 유형이다. 이 과정은 익숙한 곡을 암기하여 그대로 회상하는 것이 아니라 중요한 부분, 즉 조성, 리듬 등을 저장하였다가 재구성하는 것이다.

⑤ 5단계: 회상하여 쓰기

익숙한 음악을 기보할 때 음악을 회상하면서 그것을 악보로 기록할 때 이루어지는 오디에이션의 유형이다. 즉 익숙한 음악을 청각적 자극 없이 회상하면서 악보로 기록할 때 일어나는데, 과거에 오디에이션하여 기억하고 있던 것을 회상해내어 기보하는 과정이라 할 수 있다.

⑥ 6단계: 창작하기, 즉흥연주하기

새로운 음악을 마음속으로 즉흥연주하거나 만들 때 혹은 소리 내어 노래하거나 연주할 때 지금까지 경험했던 모든 음악적 능력을 사용하여 음악을 만들거나 즉흥연주해 보는 것이다.

⑦ 7단계: 창작, 즉흥연주곡 읽기

악보를 보면서 다른 새로운 음악을 만들 때 창작하거나 즉흥연주했던 친숙하지 않은 음악의 악보를 읽을 때 이루어지는 오디에이션의 유형이다.

⑧ 8단계: 창작, 즉흥연주곡의 쓰기

마음속으로부터 즉흥연주하거나 새로이 만든 음악을 기보할 때 창작하거나 즉흥연주했던 익숙하지 않은 음악을 악보로 적는 과정에서 이루어지는 오디에이션의 유형이다. 창작한 것을 악보로 적는 능력이 생기면 음악학습의 독립성이 생기고 음악적으로 현저하게 성장하게 된다.

(3) 오디에이션 학습 원리

유아가 풍부한 어휘력을 갖춘다면 언어의 이해와 소통이 빠르고 깊어질 것이다. 그와 마찬가지로 음악에서도 음정패턴과 리듬패턴은 음악에서 하나의 언어와 같다. 다양한 음정패턴과 리듬패턴을 전체적으로 또는 개별적으로 들려주는 것은 다양한 음악 어휘의 구사로 즉흥연주와 창의성의 발달에도 밑거름 역할을 하게 된다.

고든의 음악학습 원리는 다음과 같다.

① 음정과 리듬의 분리하여 시도한다.

고든은 유아는 리듬과 음정을 한꺼번에 다루는 것은 어렵다고 보고 음정과 리듬을 분리해서 들려주면 리듬의 방해 없이 리듬의 구조를 느끼고 즐기도록 도울 수 있다고 하였다. 리듬이 없는 음정패턴(tonal patterns)과 음정이 없는 리듬패턴(rhythm patterns)을 음악 학습에 사용하면 음악 그 자체에 집중하게 된다. 유아기에는 가사가 없는 음악을 들려 주는 것은 음악적 능력의 배양을 위한 바람직한 교육적 방법이다.

② 개인차를 고려하여 지도한다.

모든 영유아는 개인마다 오디에이션의 능력이 다르기 때문에 교사는 유아의 개인차를 고려하여 적합한 리듬과 음정 패턴을 선택하고 제시하여야 한다.

③ 개별적 연주경험을 제공한다.

오디에이션의 발달에 있어서 개별적인 연주경험은 매우 중요하다. 혼자 리듬패턴이나 음정패턴을 연주해 보거나 다른 유아가 연주하는 것을 들어 보는 기회는 제공해 준다.

④ 동작교육을 활용한다.

동작은 유아의 음악발달에 중요한 요소이다. 동작은 영유아가 아주 어린 시기부터 음악적 감각으로의 변화를 만들도록 도와주는 데 있어서 가장 중요한 전달수단이 될 수 있다. 고든은 유아의 음악적 능력은 음악과 동작을 따라 하고 호흡하는 과정을 통해 모방, 변형하면서 발달되며 그 과정에서 움직임이 매우 중요하다고 보았다. 모든 노래는 동작을 통해 배울 수 있으며, 동작을 통한 음악학습은 음악과 배우는 사람 사이에 일체감을 느끼게 하여 음악에 대한 긍정적이고 적극적인 반응을 유도할 수 있다(노주희, 2001). 또한 동작은 자연스러운 접촉으로 서로 친밀감을 주므로 타인과의 상호작용을 갖도록 하며 자신을 표현하고 상대방을 이해할 수 있어 의미 있는 의사소통을 가능하게 한다.

⑤ 노래는 육성으로 불러 준다.

노래는 육성으로 불러 주는 것이 효과적이다. 고든은 유아와의 음악적 상호작용을 이끌어내기 위한 중요한 수단이다. 교사가 직접 노래를 불러 주는 것은 유아로 하여금 음악에 귀 기울이게 하고 자신도 소리를 내고 싶도록 자극한다. 유아와 눈을 마주치며 육성으로 노래를 들려주면 유아는 무엇이든지 따라서 소리를 내려하고 이런 유아의 반응에 순발력 있게 응해 줄 수 있어 활발한 상호작용을 이끌고 자연스럽게 음악학습을 안내하게 된다.

⑥ 다양한 조성, 다양한 박자의 노래를 제시한다.

언어를 배우는 초기에 많은 단어, 문장들을 듣고 언어능력을 발달시켜 나가는 것과 마찬가지로 오디에이션 능력도 다양한 조성과 박자를 지닌 노래와 리듬을 통해 발달하게 된다. 음악에 있어서 특정 조성의 곡만 계속 듣는 것보다 다양한 조성의 노래에 노출되는 것이 더욱 유익한 음악환경이다. 다양한 장조, 단조의 노래와 다양한 박자의 노래를 선택해서 유아에게 들려주는 과정을 통해 물리적 소리가 없어도 듣고 싶은 음악을 혹은 새로운 음악을 마음속에서 자유로이 상상하고 변화시키며 들을 수 있는 오디에이션 능력이 계발된다.

Chapter 04 유아음악교육의 내용

1. 음악적 구성요소 관련 음악교육 내용

음악이란 자신의 생각이나 감정을 표현하는 소리예술이며 의사소통수단이다. 음악은 음, 리듬과 속도, 박자, 음색, 멜로디 등의 요소로 만들어지며 이러한 음악의 구성요소를 음악적 개념이라고 한다. 음악적 개념의 형성은 저절로 얻어지는 것이 아니라 음악을 지각하고 경험하는 동안 이루어진다.

유아는 일상생활 속에서 자연스럽게 여러 가지 다양한 소리와 음악을 접하고 영유아교육기관에서 음악활동을 경험하는 가운데 음악적 개념을 이해할 수 있게 되며, 음악의 아름다움을 느끼고 더 쉽고 풍부하게 음악을 즐기고 경험할 수 있게 된다.

유아기에 학습해야 할 음악적 개념들은 소리와 음색, 박자, 리듬, 빠르기, 셈여림, 음높이, 멜로디, 화성 등이 있다.

1) 빠르기

빠르기(tempo)란 음악의 빠르고 느림으로서 음악을 연주할 때의 속도를 말한다. 빠르기는 1분간 박(beat)이 연주되는 정도에 따라 정해지는데 음악이 연주되는 동안 빠르기가 일정하게 유지되기도 하고 부분적으로 점차 빨라지거나 느려지기도 한다. 곧 기본박의 속도를 말하며 이는 절대적이라기보다는 상대적인 개념이며, 같은 곡이라도 기본박의 빠르기를 어떻게 정하는가에 따라 다른 느낌의 음악이 된다.

유아들과 할 수 있는 활동으로는 메트로놈을 활용하여 바늘의 움직임과 함께 빠르기를 경험할 수 있으며, 느린 음악 또는 빠른 음악을 듣고 감상하면서 음악의 빠르기를 느낄 수 있다. 또한 빠르기 정도에 따라 공 굴리고 받는 활동을 하거나, 음악의 속도에 맞추어 걷고 달리는 활동을 통해 빠르기를 이해할 수 있게 된다.

2) 셈여림

셈여림(dynamics)은 소리의 크고 작음, 세고 여림의 정도에 관련된 음악적 표현이다. 셈여림은 소리 크기의 차이에 의하여 발생하는 표현력의 다양성과 상관되는 개념이다. 셈여림은 음악의 힘과 관련이 있다. 같은 높이의 음이라고 하더라도 그 음을 세게 연주하는가 여리게 연주하는가에 따라 그 느낌은 달라진다.

유아들과 함께 할 수 있는 활동으로 유아들은 큰 북 소리와 작은 북 소리를 듣는 경험을 통해 세고 여림에 대해 경험할 수 있다. 또한 크기가 다른 4마리의 코끼리 그림을 가지고 악기로 소리를 점점 세게 내보거나 점점 여리게 내보며 점차적인 셈여림을 학습할 수 있게 된다.

빠르기, 셈여림 활동의 예
• 메트로놈의 움직이는 바늘이나 불빛을 보며 빠르기 탐색하기 • 메트로놈의 빠르기에 맞춰 손뼉 치거나 노래부르기 • 리듬악기를 다양한 크기/빠르기로 연주해 보기 (예 세게/여리게, 매우 세게/매우 여리게, 점점 세게/점점 여리게) • 북소리나 음악의 빠르기나 셈여림의 변화에 맞춰 걸어 보기 • 빠르기나 셈여림의 변화가 있는 음악 듣기 • 몸으로 표현해 보기 • 크기가 다른 그림자료 보며 소리 내보기

3) 음높이

음의 높낮이, 즉 음고(pitch)는 높고 낮은 음, 같고 다른 음, 제자리에 있는 음을 말한다. 음의 높고 낮음은 진동 현상이 안정되고 분명할 때 잘 구별될 수 있으며, 소리의 진동수가 많으면 높은 소리가 되고 적으면 낮은 소리가 된다. 따라서 음악에 있어서 음의 높이가 높게 그리고 낮게 움직일 수 있고, 두 음이 같을 수도 있고 다를 수도 있다는 것을 유아들이 알도록 해야 한다.

유아들과 함께 할 수 있는 활동으로 여자 소프라노의 높은 소리와 남자 베이스의 낮은 소리, 바이올린의 높은 음역과 콘트라베이스의 낮은 음역의 연주 소리를 비교해 들으며 음의 높낮이에 대한 개념을 이해할 수 있다. 주변에서 쉽게 경험할 수 있는 기타, 피아노, 실로폰 등의 악기를 통해 음높이의 차이를 듣고 구별할 수 있게 되므로 다양한 악기 소리를 경험할 수 있게 해 주는 것이 중요하다.

음높이 활동의 예
• 사물을 이용하여 높거나 낮은 소리 만들어 보기 (예 고무밴드, 물이 담긴 유리잔을 이용해 높거나 낮은 소리 만들어 보기) • 음의 높고 낮음에 대한 변화가 뚜렷한 음악감상하기 (예 소프라노와 베이스 독창, 플룻과 첼로의 독주곡 등) • 음높이에 따라 몸으로 표현해 보기 • 유아들과 계단을 오르내릴 때 음높이를 표현해 보기

4) 리듬

리듬(rhythm)은 음악의 기초를 이루는 가장 중요한 요소로서, 음의 길이와 셈여림이 시간적으로 결합된 것을 말한다. 길고 짧은 소리의 패턴으로 박이라는 단위 위에 다양한 음표와 쉼표로 구성된다.

리듬의 하위개념으로는 박, 박자, 리듬이 있다. 박은 심장소리나 시계소리와 같이 규칙적이고 동일하게 움직이는 소리를 의미하며 모든 노래의 기본이 된다.

박(beat)이란 사람의 맥박처럼 동일한 속도로 지속되는 운율적인 움직임으로서 박자의 단위가 된다. 박은 일정하고 규칙적이며, 지휘자가 일정하게 손을 위 아래로 바운딩하는 움직임과도 같다 할 수 있다. 대부분의 음악에는 규칙적이고 일관성 있게 일어나는 박이 있다. 느린 박, 빠른 박, 강박, 약박, 길고 짧은 음으로 구성된 리듬 패턴이 있다.

유아가 노래를 부르는 동안 손뼉을 계속 쳐 본다든가, 음악을 들으며 규칙적으로 발을 굴러봄으로써 박의 개념을 이해할 수 있다. 또한 연속되는 박을 2, 3, 4, 6박과 같은 주기적인 반복에 의해 묶어 놓으면 박자(meter)가 되는데, 박자는 마디로 구분된다.

박자는 박이 규칙을 가지고 주기적으로 반복되는 것을 의미하며 주로 강한 박이 앞에 오고 뒤에 약한 박이 따라온다. 박자는 마디로 구분되며 하나의 마디 안에 박이 들어가는 개수에 따라 2박자, 3박자, 4박자가 되며 이때 첫 박은 강한 박으로 시작한다(박유리, 엄정애, 2017).

유아가 리듬에 맞춰 손뼉을 길고 짧게 치거나, 노랫말로 찬트를 하는 과정(예 배운 노래에서 멜로디만 빼고 부르기)에서 유아는 다양한 리듬 패턴을 경험해 볼 수 있다.

리듬활동의 예	박, 박자 활동의 예
• 여러 가지 시각자료로 리듬 패턴 만들어 보기 (예 얼음 틀에 얼음 넣기 - 4칸짜리 얼음 틀에 반 개, 한 개, 두 개, 네 개짜리 얼음 채워 넣기) • 리듬패턴 만들어 손뼉치기 • 음표로 그려진 리듬 카드보고 손뼉치기 • 리듬 전달하기	• 박에 맞추어 노래부르기(메트로놈 활용) • 박자에 맞추어 동시를 리듬감 있게 읊어 보기 (예 전래동요 '두껍아 두껍아') • 같은 박의 음표와 쉼표 카드 짝짓기 • 박 · 박자 놀이하기: 그림카드로 박의 패턴을 만들고 박자에 맞춰 손뼉치기 (예 ○○○○ - 2박 / ○○○○○○ - 3박)

5) 멜로디

멜로디(melody)는 높이가 다른 음들이 시간적으로 배열되어 있는 것을 말한다. 음높이는 한 음의 높낮이를 의미하는 반면, 멜로디는 음이 올라가거나 내려가거나 또는 반복되면서 리듬과 함께 연속되어 흐르는 것을 말한다. 멜로디는 일정하게 들리는 경고음과는 달리 리듬이 결합된 소리가 지속, 반복, 쉬기도 하면서 음악적 표현을 만들어 내는 것으로 가락, 선율이라고도 한다.

유아들은 휴대폰에서 울리는 벨소리, 시계 알람 소리, 노랫소리, 악기 연주 등을 통해 멜로디를 경험할 수 있으며, 스카프나 리본 막대 등으로 멜로디의 흐름을 몸으로 표현하는 과정에서 멜로디를 더 잘 이해하게 된다. 유아들과 멜로디 개념에 대한 활동을 진행할 때 노래의 흐름을 알 수 있는 그림악보를 제시하고 손가락 또는 스카프나 다른 부드러운 물체로 신체표현을 해 보는 활동을 고안할 수 있다.

멜로디 활동의 예
• 동요의 멜로디 감상하기 • 노래를 부르거나 들으며 종이 위에 멜로디의 흐름을 그려보기 • 멜로디 듣고 제목 알아맞히기 • 실로폰이나 피아노 등에 색깔 스티커 등을 이용하여 멜로디 연주해 보기

6) 음색

음색(timbre)은 소리의 특성으로, 다른 것과 구별되는 소리의 질을 의미한다. 음색은 소리를 만들어 내는 물체의 재료와 구조 그리고 크기에 따라 다르게 구별되며, 소리를 내는 방법과 환경에 의해서도 달라진다. 같은 '라(A)' 음을 내지만 사람이 내는 목소리와 피아노 소리는 다르며, 같은 현악기라도 바이올린과 첼로가 내는 '라(A)' 음은 다르게 들린다. 유아는 다양한 악기 소리를 경험하면서 각 악기의 독특한 음색을 구별할 수 있게 된다. 악기는 연주하는 방법에 따라 4가지로 분류될 수 있는데, 두드리거나 흔들거나 긁어서 소리 내는 타악기, 현을 튕기거나 활로 켜서 소리 내는 현악기, 입으로 불어서 소리 내는 관악기, 건반을 눌러서 소리 내는 건반악기 등이 있다. 유아는 이렇게 다양한 악기를 통해 음색을 경험할 수 있다.

음색 활동의 예
• 악기의 이름, 모양, 소리를 탐색하기 (예 바이올린–악기 모양, 소리, 활, 울림통, 줄 조이개 등) • 악기소리를 다양한 선, 색깔로 표현해 보기 • 같은 곡을 다른 종류의 악기로 연주한 음악 들어 보기 • 악기 연주방법을 몸으로 표현해 보기

7) 화성

음높이가 다른 두 개 또는 그 이상의 소리가 동시에 울리는 것을 화음(chord)이라고 하고, 일정한 법칙에 따라 연결되는 화음을 화성(harmony)이라고 한다. 구체적인 의미는 다소 다르지만, 대체로 유사 의미로서 두 용어를 같이 사용하고 있다. 유아기에는 사람의 목소리와 악기로 이루어진 화음을 경험할 수 있다. 질 높은 음악적 경험을 위해 둘이서 부르는 듀엣곡, 중창곡, 아카펠라로 이루어진 곡 혹은 두 대의 피아노로 연주되는 곡, 트리오(바이올린, 첼로, 피아노)로 연주되는 곡, 오케스트라로 연주되는 곡 등의 음악을 감상할 수 있는 기회가 제공되어야 한다.

화성 활동의 예

- 화성을 이루어 연주되는 음악감상하기
  (예 아카펠라, 여성 2부 합창, 혼성 4부 합창, 트리오 연주곡, 오케스트라 연주곡 등)
- 핸드벨 중 도, 미, 솔 세 가지로 화음 연주해 보기
- 오르프 실로폰을 이용하여 동요의 화음을 연주해 보기
  (예 오르프 실로폰에 각각 Ⅰ, Ⅳ, Ⅴ의 화음만 남겨 놓고 화음별로 색깔스티커를 붙여 구분해 준 다음 교사의 신호에 맞추어 동요 반주해 보기)
- 동시에 여러 가지 소리가 나는 악기 소리 들어 보기
  (예 오토 하프, 우쿨렐레, 기타, 바이올린 등)

2. 음악적 태도 관련 음악교육 내용

음악적 태도는 유아가 다양한 음악활동을 통해 음악적 요소와 특질들을 이해함으로써 유아가 느끼는 생각이나 감정을 음악적으로 표현하는 것을 의미한다(박은영, 2012). 즉 일상적으로 음악에 대한 흥미와 호기심을 보이며 적극적으로 음악활동에 참여하는 유아의 행동과 반응을 말한다.

고든(Gordon, 1990)은 음악적 태도를 음악에 대한 특별한 행동 양식으로써 유아의 타고난 잠재능력과 초기 환경의 영향으로 형성되며, 9세 이전에 습득되어 평생 동안 지속된다고 하였다(유은화, 2014).

유아기는 음악 학습에서 음악적 능력과 음악적 태도 형성에 중요한 시기이다. 특히 유아기 음악교육은 음악을 친숙하게 느끼고 음악표현이나 감상에 적극적인 태도를 갖도록 해야 하며 유아의 일상생활 속에서 자연스럽게 음악을 받아들이고 즐기는 습관을 길러 주는 것에 중점을 두어야 한다.

유아는 노래를 부르거나 악기를 연주하고, 음악에 적합한 신체활동을 하는 동안에 자신을 통제하거나 충동성 조절을 자연스럽게 경험하게 되는데, 이러한 경험을 통해 유아의 음악적 태도는 향상될 수 있다(박은영, 2012). 따라서 유아는 음악적 환경과 경험을 통하여 음악적 능력 및 태도가 변화되므로 유아들이 하루 중에서 가장 많은 시간을 보내는 유아교육기관에서는 유아들의 음악적 능력 및 태도를 위한 음악적 활동을 계획하고 실행하는 것이 필요하다.

음악적 태도에는 다음의 개방성, 적극성, 주의집중, 표현력, 호기심, 흥미를 포함한다(박은영, 2012).

- **개방성**: 다른 유아의 음악활동과 의견을 존중하고 받아들이는 것으로 유아가 열린 마음을 가지고 다양한 악곡, 노래, 제재곡 및 음악활동을 잘 수용하며 다른 유아의 음악활동과 의견을 존중하고 받아들일 수 있어야 한다.
- **적극성**: 유아가 긍정적이고 능동적으로 음악활동에 참여하는 정도를 말한다. '긍정성'과 '자진성'을 포함하며 활동에 적극적으로 참여하는 태도를 말한다.
- **주의집중**: 유아가 음악활동에 집중하여 참여하는 '끈기성'과 '지속성'을 말한다. 음악을 즐기면서 음악적 능력을 키워나가기 위해서는 음악활동에 주의집중을 할 수 있어야 한다.
- **표현력**: 유아가 자신의 생각과 느낌을 음악적, 비언어적, 언어적으로 표현하는 것이다. 음악을 듣고 난 후의 느낌을 말하거나 몸으로 표현해 보거나 그림으로 그려볼 수 있다.
- **호기심**: 유아는 주변의 환경에서 신기한 것을 탐구하려는 본능적인 태도를 갖고 있다. 음악교육에서 호기심은 유아가 새로운 음악활동을 신기해하며 관심을 가지고 모르는 것을 알고 싶어 하는 것이다.
- **흥미**: 유아가 음악활동을 재미있어 하거나 즐거워하는 정도이다.

3. 음악활동 관련 음악교육 내용

음악은 음악의 구성요소에 대한 개념만으로 형성되는 것이 아니라 음악을 듣고 연주하며 표현하면서 음악 개념과 태도가 형성된다. 주변의 소리, 자연 속의 소리를 듣고 지각하는 행동은 음악의 기본적인 행위이다. 유아들은 음악은 귀로만 듣는 것이 아니라 음악을 들으면 신체동작과 함께 나타나는 것이 일반적이다. 음악개념과 음악적 태도를 길러주기 위해서는 노래부르기, 악기연주하기에만 치우치지 않도록 하고 소리탐색, 음악감상, 노래부르기, 악기지도, 신체표현 등 다양한 활동으로 계획하여 지도해야 한다.

1) 소리탐색

유아는 나의 몸, 생활 주변, 자연에서 들리는 여러 가지 소리에 관심을 갖고 소리의 차이를 인식하면서 음악은 시작된다. 따라서 다양한 주변의 소리를 경험할 수 있어야 하며 특징적인 소리, 특색있는 소리로 유아의 호기심을 끌어 집중하게 한다. 새소리 · 빗소리 · 바람소리 · 천둥소리 등 자연에서 들을 수 있는 소리, 입 · 손 · 무릎 · 발 등 몸으로 낼 수 있는 소리, 전화벨 소리 · 자동차 경적 소리 · 세탁기 돌아가는 소리 · 기차 달리는 소리 등 사물 소리, 그리고 타악기 · 현악기 · 관악기 · 건반악기 등 악기 소리를 경험할 수 있어야 한다. 이와 연계하여 소리를 듣고 음높이, 음길이, 음색, 음크기 등에 따라 소리를 지각하고 찾아보는 활동을 한다.

2) 음악감상

유아는 언어를 배우듯 음악을 배우므로 다양한 음악을 많이 들려주는 것이 중요하다. 유아는 음악을 주의깊게 듣고 아름다움을 느끼고 이를 신체, 그림, 말 등 다양한 방법으로 표현해 볼 수 있는 기회를 제공하는 것이 음악감상활동이다. 음악감상활동은 음악이 가지고 있는 심미적 특성이나 가치를 음미하고 이해하며 즐기는 활동으로 단순히 듣기 활동이 아니라 아름다움에 대해 깊이 이해하고 느낄 수 있는 활동이며 연주, 창작, 신체표현 등 넓은 음악활동과 밀접하게 연결된다. 음악감상 활동은 유아의 흥미를 고려하고 수준에 맞는 다양한 음악을 선정하며 활동으로 계획한다.

3) 노래부르기

노래부르기는 유아가 가장 일반적으로 즐기는 음악활동이며 유아교육기관에서 가장 많이 다루어지는 음악활동이다. 유아가 말을 배우는 것과 비슷한 시기에 노래부르는 것을 배우며, 노래부르는 것을 즐기고 다른 사람에게도 자신의 노래로 만족감을 줄 수 있다는 것을 알게 된다. 유아에게 발달을 고려하여 노래지도를 하고 다양한 맥락에서 노래를 부를 수 있는 기회를 제공한다.

4) 악기다루기

악기를 다루어 보는 경험 자체가 유아에게 음악에 대한 흥미와 즐거움을 줄 수 있다. 악기다루기는 유아들이 음색을 발견하는 데 큰 도움을 주고 가락, 리듬, 강약 등 음악의 기본 개념을 직접 체험하도록 한다. 유아들은 특히 타악기에 흥미가 집중되는 시기로 여러 종류의 악기를 탐색하고, 리듬악기를 가지고 자신이 좋아하는 노래, 친숙한 노래에 맞추어 리듬치기를 해본다. 이를 통해 음악의 장단, 고저, 강약에 대해 이해하고 간단한 가락과 리듬을 연주하면서 노래부르기를 해본다.

5) 신체표현

유아는 일상적으로 생각하고 느끼는 것뿐만 아니라 말로 다 표현할 수 없는 감정을 몸짓이나 다른 움직임으로 표현하며, 이를 통해 자신의 의사가 충분히 전달되었을 때 만족감을 얻는다. 유아의 발달단계에 적합한 동작 및 음악과 함께 즐길 수 있는 다양한 신체표현의 기회를 제공하고 소리의 고저, 장단, 빠르기에 따라 움직여 보고, 음악을 들으면서 사물 또는 동물의 움직임을 모방하여 자유롭게 표현해보는 경험을 제공한다.

6) 음악창작

음악창작은 음악의 전문가를 키우기 위한 것이 아니다. 자신의 느낌이나 생각을 음악적 아이디어로 표현해 보는 경험을 통해 음악적 개념과 구성요소를 자연스럽게 습득하게 된다. 멜로디 창작, 리듬 창작, 소리 창작을 통해 음악적 창의성을 발현하는 기회를 경험하게 된다.

05 Chapter 국가 교육과정과 유아음악교육

유아교육 목표 설정, 학습 내용 및 활동의 선정과 내용의 조직 및 교수 방법을 살펴보았을 때 일반적으로 유아 교육 과정의 기본적인 구성과 운영은 통합적으로 이루어지는 것을 알 수 있다. 즉, 유아 발달 영역도 전인적 발달로 통합되어야 하며 교과 영역도 유아 교육에서는 분리되어 가르칠 수 없으며, 환경 구성으로서의 여러 흥미 영역도 통합적으로 이루어져야 하는 것이다. 특히 유아는 신체·인지·정서 및 사회성 발달이 미분화 상태에 있으며, 발달과 행동적 측면이 전체적이고 복합적으로 나타나는 특성을 보인다. 따라서 음악교육은 한 영역에서만 이루어질 것이 아니라 모든 영역을 통합하여 교육하는 것이 보다 효과적일 것이다. 더욱이 유아 교육 기관에서 실행되는 음악교육 활동은 이들 영역을 엄격하게 구분하기 어렵다. 우리나라 국가 교육과정인 누리과정과 표준보육과정에서는 음악교육을 예술경험 영역에서 제시하고 있으며 이것은 음악교육에서 가르쳐야 할 목표를 제시한 것이 아니라 영유아가 경험해야 할 내용을 제시한 것이다. 여기에서는 음악활동을 중심으로 교수학습방법을 설명하고 있지만 음악은 음악활동뿐만 아니라 다른 영역 활동의 동기부여, 교수학습 등의 일부로 활용되기도 하고 연계, 확장 등 다양하게, 그리고 통합적으로 이루어지게 된다.

다음은 제4차 어린이집 표준보육과정과 2019 개정 누리과정에서 음악교육과 관련된 부분을 살펴보고자 한다.

1. 표준보육과정에서의 음악교육

표준보육과정은 보육시설 영유아의 보육 목적과 목표를 달성하기 위한 국가수준의 보육과정이다. 표준보육과정은 2013년 3~5세 누리과정 도입에 따라 2013년 1월 누리과정과 연계한 제3차 어린이집 표준보육과정이 개정 고시되었고, 현재 2020년 개정한 제4차 표준보육과정이 적용되고 있다.

표준보육과정은 0, 1세 보육과정, 2세 보육과정, 3~5세 보육과정으로 구성되어 있다. 3~5세를 위한 보육과정은 유치원과 공통교육과정인 2019 개정 누리과정으로 다음 장에서 살펴보기로 하고, 여기에서는 영아를 위한 보육과정을 살펴보기로 한다.

0, 1세 보육과정과 2세 보육과정은 6개 영역으로 구성되어 있으며, 그중 음악교육에 대한 내용을 예술경험 영역에서 제시하고 있다.

예술경험 영역은 '아름다움을 느끼고 경험한다'를 목표로 하여 영아가 자신의 신체와 주변의 감각 자극에 호기심을 가지고 반응하고 다양한 방법으로 표현하기를 즐기며 자연물, 사물, 환경의 아름다움에 관심을 가짐으로써 아름다움을 즐기고 풍부한 정서를 경험하기 위한 영역이다. 이 영역의 내용 범주는 '아름다움 찾아보기', '창의적으로 표현하기' 등 두 개의 내용범주로 구성되어 있다.

1) 0~1세 보육과정: 예술경험 영역

예술경험 영역의 목표는 0~1세 영아가 자연과 생활에서 아름다움을 느끼고 경험하며 표현하는 과정을 즐기는 것이다. 그리고 영아가 아름다움에 관심을 가지고 느끼는 것을 즐기며 자신의 경험과 느낌을 자연스럽게 표현하도록 하는 것이다.

목표에 따라 '아름다움 찾아보기', '창의적으로 표현하기' 두 개의 내용범주와 5개의 내용으로 제시되어 있다.

(1) 목표

아름다움을 느끼고 경험한다.

① 자연과 생활에서 아름다움에 관심을 가진다.

② 예술적 경험을 표현한다.

(2) 내용체계

내용범주	내용
아름다움 찾아보기	자연과 생활에서 아름다움을 느낀다.
	아름다움에 관심을 가진다.
창의적으로 표현하기	소리와 리듬, 노래로 표현한다.
	감각을 통해 미술을 경험한다.
	모방행동을 즐긴다.

'아름다움 찾아보기' 내용범주는 '자연과 생활에서 아름다움을 느낀다', '아름다움에 관심을 가진다' 등 두 개의 내용으로 구성되어 있다.

'자연과 생활에서 아름다움을 느낀다'에서 음악교육 관련하여 0~1세 영아가 자신을 둘러싼 일상적인 환경에서 소리나 움직임에 호기심을 기울이며 미적이고 감상적인 경험을 통해 아름다움을 인식하는 과정으로 발전시켜 나가도록 한다. 모빌이나 딸랑이, 손목에 끼울 수 있는 방울 등을 제공하여 영아가 소리, 움직임, 색, 모양 등에 관심을 갖도록 하고, 산책이나 실외 놀이에서도 영아가 호기심을 가질 수 있는 여건을 마련해 주어야 한다.

'아름다움에 관심을 가진다'에서는 반복적으로 경험하는 친근한 사람의 목소리, 주변의 소리와 리듬 있는 소리 그리고 익숙한 노래 등에 관심을 가지며 아름다움의 요소를 경험하는 가운데 이를 즐기는 내용이다. 교사는 일상에서 안정된 톤의 소리로 자주 말소리를 들려주고 편안한 느낌을 주는 소리를 들려주어 영아가 이를 통해 소리에 관심을 갖도록 한다.

'창의적으로 표현하기' 내용범주에는 '소리와 리듬, 노래로 표현한다', '감각을 통해 미술을 경험한다', '모방행동을 즐긴다' 등 세 개의 내용으로 구성되어 있으며 이중 음악교육관련 내용은 '소리와 리듬, 노래로 표현한다', '모방행동을 즐긴다'의 내용이다.

소리와 리듬, 노래로 표현한다'는 영아가 자신을 둘러싼 환경에서 들려오는 다양한 소리, 리듬과 노래 그리고 움직임에 주의를 기울여 관심을 두다가 익숙한 노래나 리듬을 선호하며 이를 표현하는 내용을 다루는 것이다. 교실에 넓은 공간을 확보하여 영아가 방해를 받지 않고 실내 공간을 활용할 수 있도록 지원하며, 이때 교사는 다양한 장르의 음악을 배경으로 준비하며 영아가 음악에 반응하고 함께 즐기며 상호작용하고 지원한다.

영아가 익숙하고 의미 있는 사람의 소리나 얼굴표정, 움직임 등을 모방하는 내용 중에 음악적 움직임, 소리를 따라 하고 표현이 다양해진다.

2) 2세 보육과정: 예술경험 영역

예술경험 영역의 목표는 2세 영아가 일상에서 아름다움을 느끼고 즐기는 것이다. 영아가 마주하는 자연과 생활 속 경험에서 아름다움을 느끼고 관심을 가지며, 예술을 통해 자신의 느낌과 생각을 자유롭게 표현하도록 한다.

이러한 목표에 따라 아름다움 찾아보기, 창의적으로 표현하기 두 개의 내용범주와 6개의 내용으로 제시되어 있다.

(1) 2세 보육과정의 예술경험 영역 목표

아름다움을 느끼고 즐긴다.

① 자연과 생활에서 아름다움을 느끼고 관심을 가진다.

② 예술을 통해 자유롭게 표현한다.

(2) 내용체계

내용범주	내용
아름다움 찾아보기	자연과 생활에서 아름다움을 느끼고 즐긴다.
	아름다움에 관심을 갖고 찾아본다.
창의적으로 표현하기	익숙한 노래와 리듬을 표현한다.
	움직임과 춤으로 자유롭게 표현한다.
	미술 재료와 도구로 표현해 본다.
	일상생활 경험을 상상놀이로 표현한다.

'아름다움 찾아보기' 내용범주는 '자연과 생활에서 아름다움을 느낀다', '아름다움에 관심을 가진다' 등 두 개의 내용으로 구성되어 있다. 2세 영아가 일상에서 접하는 사물과 공간, 동식물과 사람, 자신과 또래의 표현 등에서 아름다움을 느끼고 즐기며, 아름다움에 관심을 가지고 찾아보는 내용이다.

'창의적으로 표현하기'는 4개의 내용으로 제시하고 있으며 그중 음악교육과 관련된 내용은 '익숙한 노래와 리듬을 표현한다', '움직임과 춤으로 자유롭게 표현한다'이다. 2세 영아는 일상에서 익숙해진 노래를 부르고 간단한 리듬을 표현하는 것을 즐기며 기쁜 감정을 표현한다. 또한 운율 있는 소리나 노래의 느낌에 맞춰 몸을 흔들거나 여러 가지 소리나는 악기로 흔들거나 두드려 표현하고 노랫말에 맞춰 몸을 움직이는 것을 즐기고 좋아한다.

이렇게 간단한 리듬을 만들어내고 자유롭게 표현하는 경험을 제공하여 창의적인 표현력과 감성능력을 증진시킨다.

2. 누리과정에서의 음악교육

우리나라는 유치원 교육과정의 제1차 교육과정에서부터 제5차 교육과정까지는 '표현생활' 영역에서 음악에 관련된 내용을 찾아볼 수 있다. 2011년 유치원과 어린이집 교육과정의 통합과정으로 '만 5세 누리과정'이 고시되었으며, 2013년부터는 3~4세까지 누리과정을 확대 도입하여 '3~5세 누리과정'이 고시되어 유치원과 어린이집의 공통과정으로 시행되었으며 2019년 9월부터 2019 개정 누리과정을 적용하고 있다.

개정 누리과정은 기존에 연령별로 나누어 제시하던 것을 3~5세 통합으로 내용을 제시하고 있다. 누리과정의 교육 영역 중 음악교육과 관련된 예술경험 영역은 유아가 자신의 친근한 주변 환경에서 발생하는 소리, 음악, 움직임과 춤, 모양과 색 등에서 아름다움을 느끼고, 또래와 교사, 부모, 지역 사회의 주민이나 작가가 표현한 예술작품을 가까이 접하면서 탐색하고 창의적인 표현을 즐기며 감상하도록 하기 위한 영역이다.

1) 2019 개정 누리과정: 예술경험영역

(1) 목표

아름다움과 예술에 관심을 가지고 창의적 표현을 즐긴다.

① 자연과 생활 및 예술에서 아름다움을 느낀다.

② 예술을 통해 창의적으로 표현하는 과정을 즐긴다.

③ 다양한 예술 표현을 존중한다.

(2) 내용체계

예술경험 영역은 '아름다움 찾아보기', '창의적으로 표현하기', '예술 감상하기'의 세 가지 내용을 범주로 구성되며, 내용범주별 내용은 다음과 같다.

내용 범주	내용
아름다움 찾아보기	자연과 생활에서 아름다움을 느끼고 즐긴다.
	예술적 요소에 관심을 갖고 찾아본다.
창의적으로 표현하기	노래를 즐겨부른다.
	신체, 사물, 악기로 간단한 소리와 리듬을 만들어본다.
	신체나 도구를 활용하여 움직임과 춤으로 자유롭게 표현한다.
	다양한 미술 재료와 도구로 자신의 생각과 느낌을 표현한다.
	극놀이로 경험이나 이야기를 표현한다.
예술 감상하기	다양한 예술을 감상하며 상상하기를 즐긴다.
	서로 다른 예술 표현을 존중한다.
	우리나라 전통 예술에 관심을 갖고 친숙해진다.

'아름다움 찾아보기'는 '자연과 생활에서 아름다움을 느끼고 즐긴다', '예술적 요소에 관심을 갖고 찾아본다'의 내용으로 구성되어 있다.

유아가 자연과 주변 환경에서 들리는 다양한 소리와 음악에 귀 기울이고 반응하면서 소리와 음악의 아름다움을 구성하고 있는 음악적 요소를 느끼고, 그 특징을 자연스럽게 발견하고 다양한 소리와 악기 등으로 음악적 요소를 탐색하는 능력을 기르기 위한 내용이다.

'창의적으로 표현하기'는 5개의 내용으로 구성되어 있으며, 그중 음악교육과 관련 있는 내용은 '노래를 즐겨 부른다', '신체, 사물, 악기로 간단한 소리와 리듬을 만들어 본다'이다.

유아가 노래와 전래동요를 부르고 리듬악기를 연주하며 간단한 소리와 리듬을 즉흥적으로 만들어 보는 등의 다양한 음악활동을 통해 자신의 생각과 느낌을 표현하도록 하는 내용이다.

유아는 일상생활 속에서 흥얼거리고 노래하며 소리를 만들어 내는 것을 즐긴다.

예술 감상하기는 '다양한 예술을 감상하며 상상하기를 즐긴다', '서로 다른 예술표현을 즐긴다', '우리나라 전통예술에 관심을 갖고 친숙해진다.' 등의 내용으로 구성되어 있다.

유아가 음악, 춤, 미술작품, 극놀이 등 다양한 예술작품을 듣거나 보고 즐기는 활동을 통해 아름다움을 느끼고 각자의 표현을 존중하며 예술 감상에 지속적인 관심과 흥미를 갖도록 하기 위한 내용이다.

또한 유아기는 우리나라의 전통 예술에 관심을 갖고 받아들이며 친숙해지기 위한 중요한 시기이므로 전통물건, 음악, 춤, 미술작품 등 전통예술을 접할 수 있는 다양한 기회를 충분히 제공해 주어야 한다.

06 Chapter 유아음악교육을 위한 교수학습방법

1. 음악교육 교수학습원리

유아의 음악활동은 음악이론이나 악보에 의지하는 것이 아니라 먼저 듣기로부터 시작되므로, 교사는 이를 염두에 두고, 유아의 음악능력 발달에 따라 내용을 선정하고 발달에 적합한 교수방법을 선택하여야 한다. 유아교육의 교수학습방법과 원리를 바탕으로 하여 유아음악교육의 교수학습원리를 제시하면 다음과 같다(임혜정, 2004).

1) 놀이학습의 원리

놀이학습의 원리는 놀이 그 자체에 흥미와 즐거움을 내포하고 있으므로 자발적인 참여를 이끌어내기에 효과적이다. 노래게임, 악기 놀이, 리듬카드 놀이 등 다양한 음악게임을 통하여 유아가 활동에 흥미를 느끼고 능동적으로 참여할 수 있는 태도를 가질 수 있도록 해야 한다.

2) 개별화의 원리

개별화의 원리는 음악활동을 진행할 때 유아의 연령과 발달 수준에 따라 개인차를 고려하는 것이다. 유아는 타고난 음악성이 서로 다르고 그들의 관심과 흥미도 다르며 음악적 능력 또한 개인차가 있으므로, 유아음악활동을 진행할 때는 연령 및 발달 수준에 따라 개인차를 고려하고, 각자의 개성이 존중되어야 한다.

3) 능동성의 원리

유아 자신이 능동적으로 음악활동에 참여하고 스스로 탐색하는 교수학습 원리이다. 유아가 느낌이나 생각을 표현하기 전에 오감을 통하여 사물이나 현장을 직접 경험함으로써 스스로 인지하고, 활동할 수 있도록 돕는 것이 필요하다. 음악활동에 있어서도 교사 주도적인 학습이 아니라, 유아가 음악활동의 주도자로서의 역할을 하도록 해야 한다.

4) 다감각 · 다상징적 표현활동의 원리

다감각·다상징적 표현활동의 교수학습 원리는 음향자료, 그림, 그림악보, 기호, 사진, 영상자료 등 다양한 도구의 시청각자료를 활용하면서도 음악활동을 그림과 조형미술, 신체표현, 극놀이 등의 다양한 표현활동을 중심으로 음악교육방법을 통합하는 것이다. 교사는 획일적인 표현이나 기능 중심의 반복학습을 탈피하고, 창의적이고 다양한 방법의 구체적인 표현활동, 게임 등을 통한 통합적인 표상활동 중심의 음악활동과 음악적 개념의 발달을 도모하는 교수학습방법을 모색해야 한다.

5) 통합성의 원리

유아교육에서 가장 강조되고 있는 원리로서 발달영역 간의 통합, 교육내용과 교육활동 간의 통합, 유아의 과거 경험과 현재 및 미래 경험들 간의 통합, 유아교육기관과 가정, 지역사회와의 연계적인 음악활동이 이루어지게 하는 프로젝트를 통한 다상징적 표현활동의 원리와 같은 맥락에서 음악적 표현활동을 진행하는 것이다.

6) 사회문화적 맥락의 고려

음악적 표현활동은 유아에게 의미 있는 맥락 안에서 이루어져야 한다. 유아의 경우에는 자신이 관심 있어 하고, 자신에게 의미 있는 것에 더 큰 흥미를 보이며 적극적으로 참여한다. 유아에게 의미 있는 것이란, 그들의 사회문화적 맥락에서 찾아야 한다. 즉, 자신 주변에서 흔히 일어나는 일, 자신이 스스로 경험한 일, 일상생활 속에서 친숙한 사물이나 사람, 동물 등이 유아에게 의미 있는 대상이라고 할 수 있다.

2. 음악활동의 통합적 지도

유아음악교육에 있어서 유아들은 음악적 개념 학습에 있어서 단순한 지식 전달 형태의 의미 없는 학습보다는 다양한 활동과 음악 관련 즐거운 경험을 통해 통합적으로 제공해야 한다. '통합'이란 둘 이상의 조직이나 요소들이 하나로 합쳐져 전체를 이루는 것을 뜻하는 것으로 교육에서는 학습자의 생활경험을 중심으로 학습을 종합하고 통일하는 의미로 쓰인다. 통합적 접근은 듀이(Dewey)의 교육사상에서 찾아볼 수 있는데, '유아는 성인과 달라서 분절된 어떤 개념이나 원리를 학습하기보다는 자신들에게 흥미 있는 것을 주제로 하여 여러 발달 원리를 함께 다루어 통합적으로 접근될 때 유아에게 학습은 의미 있는 것'이 된다는 것이다. 통합적 접근을 통하여 유아의 음악에 대한 관심과 흥미를 유지시키고 다양한 활동을 통해 유아들의 경험과 지식을 나누며 더욱 확장시킴으로써 음악활동의 교육적 효과를 극대화할 수 있을 것이다.

유아음악 교육에서 통합적 교육의 의의는 음악을 다른 요소들과 통합함으로써 유아의 전인 발달을 돕는 것에 있다. 음악활동의 통합적 접근을 세 가지 측면에서 살펴보면 다음과 같다(최영미, 2006).

1) 음악 영역 내에서의 통합

음악 영역 내에서의 통합이란 음악적 경험으로 주어지는 소리탐색 및 듣기, 노래부르기, 음악감상하기, 악기다루기, 음악 만들기 등의 음악교육 내용들을 각각 개별적 활동으로 분리하여 제시하는 것이 아니라, 통합적으로 연결하여 하나의 활동으로 경험하게 하는 방법이다. 이와 같이 음악 영역 내에서 다루어지는 음악적 활동이 서로 유기적으로 통합 연결되어 다루어질 때 유아들은 좀 더 음악에 관심을 갖게 되고, 음에 대한 개념을 쉽게 이해하고 표현할 수 있게 된다.

2) 예술경험 영역에서의 통합

예술경험 영역에서의 통합이란 탐색하기, 표현하기, 감상하기 등을 음률 영역 또는 음악활동에서 통합하여 실시하는 것을 의미한다. 탐색, 표현, 감상은 모두 예술경험 영역을 구성하는 내용들로 각각 독립된 활동으로 분리되어서 제시되기보다는 통합적으로 서로 연결되면서 다루어질 때 보다 효과적으로 교육 과정을 구성할 수있다.

예술경험 영역의 활동은 유아들이 흥미나 능력에 맞는 활동을 선택할 수 있도록 다양한 음악, 조형, 동작, 극 활동을 개별적·통합적으로 제공할 것을 강조하며, 또한 다양한 활동을 다른 영역의 내용과 통합하여 지도할 것을 강조하고 있다.

예술영역의 통합적 활동 구성의 예

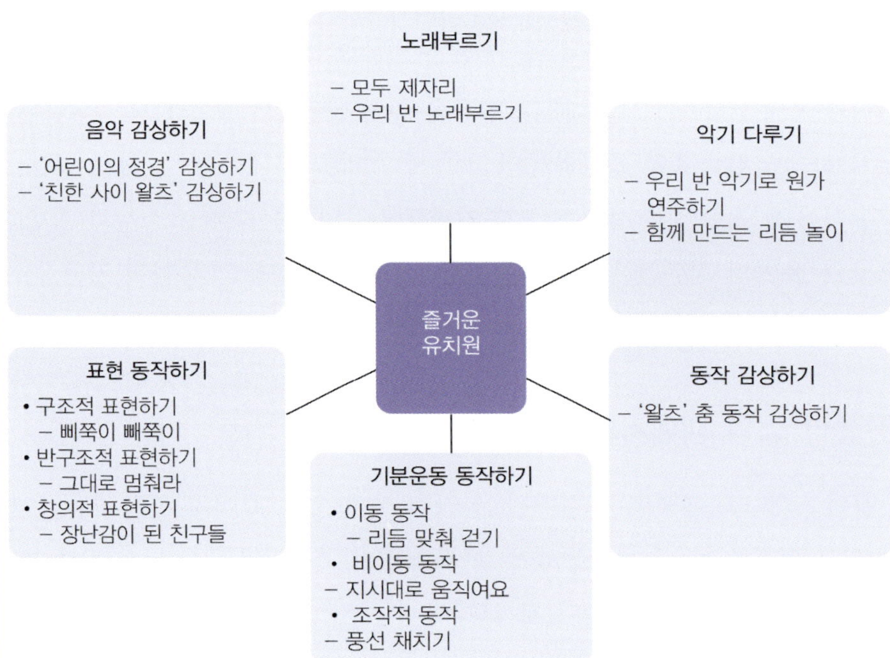

3) 교육과정 영역 내에서의 통합

음악을 들으며 느낌이나 음악적 요소를 몸으로 표현하는 활동은 소리를 변별하고 느끼는 것을 신체를 움직여 표현하는 것뿐만 아니라 시간과 공간 개념을 이해하고 자신만의 생각대로 독특하게 표현해 내는 창의성을 기르게 되므로 예술경험, 신체운동건강, 의사소통, 자연탐구, 사회관계의 영역이 통합적으로 이루어진다. 또한 음악적 느낌을 말로 표현하는 과정은 의사소통 영역의 활동과 통합적으로 구성되며, 음악을 듣고 그림으로 그리는 미술활동의 표현으로 음악과 미술의 자연스러운 통합이 이루어지며 학습이 향상될 수 있다. 또한 유아들은 수, 동물의 소리, 색깔, 계절 등에 관한 노래들을 부르면서 기억력, 서열화, 선율과 리듬을 분류하고 음악은 물론 수, 과학과 관련된 개념이나 기술을 익히고 습득하게 된다. 또한 다른 친구들과 함께 협력해서 악기를 연주하고 존중하고 격려하는 과정에서 음악활동은 사회관계 영역과 연결되어 일어난다.

즉 음악활동은 여러 영역 간에 통합적으로 이루어질 수 있도록 계획, 운영하는 것은 매우 중요하며, 이를 위해 유아교육기관에서는 한 가지 주제에 대한 여러 영역 간의 통합 교육활동으로 계획, 운영하고 있다.

주제에 따른 통합적 활동 구성의 예

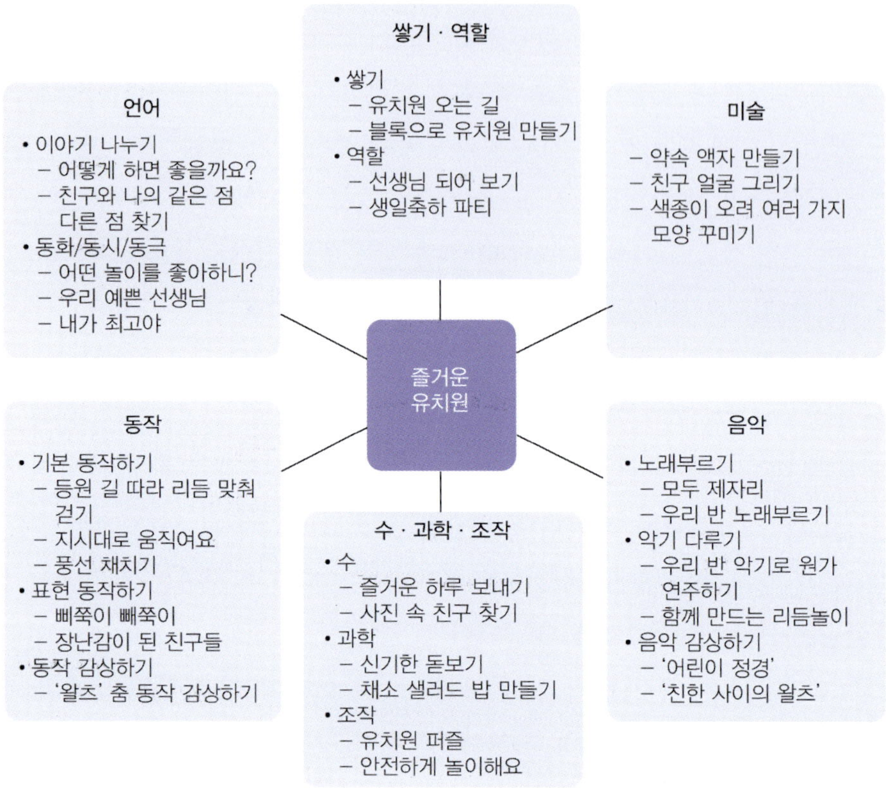

3. 유아음악교육을 위한 환경

1) 유아음악교육 환경의 중요성

인간은 누구나 환경의 영향을 받으며 살아가지만, 유아는 특히 환경과 상호작용하며 발달한다. 유아에게 환경은 제2의 교사이다. 음악교육에 있어서도 환경은 교육적 효과에 직접적인 관련이 있다.

음악심리학자 칼 시쇼어(Carl Seashore, 1866~1940)의 저서 <음악적 재능 측정방법>에 의하면 '음악적 능력이란 선천적으로 타고난 보편적 재능으로 후천적으로 변화하는 것'이라고 정의하였으며, 음악적성 역시 환경에서 영향을 받으므로 유아가 성장과정에서 충분히 음악적 자극을 받지 않으면 서서히 감소할 수 있으며, 반면에 좋은 음악환경 속에서 적절한 음악교육을 제공받는다면 유아들의 음악적성은 계속 상승한다고 하였다. 또 인간이라면 누구나 어느 정도의 지능을 가지고 태어나는 것처럼 출생 시부터 음악적인 소질을 갖고 태어난다고 하였다. 이러한 음악적 소질은 환경에 의하여 영향을 받으며 9세 이전에는 음악적 환경에 의해 음악적 소질이 향상되기도 하고 감소되기도 한다. 그러므로 유아기에 가정과 유아교육기관에서 제공되는 음악환경은 효과적인 교육과정과 교수법이 함께 계발되어 유아의 신체적·정신적 발달에 맞추어 적합하게 이루어져야 할 것이다.

유아들의 잠재된 음악적 능력을 증진시키기 위해서는 다양한 음악적 경험과 바람직한 환경을 조성해 주어야 하는데, 이러한 측면에서 유아교육기관의 음악교육환경은 매우 중요하다. 또한 가정의 생활 속에서 자연스럽게 음악을 듣고 접하는 환경도 일관성과 적합성을 고려하여야 하며, 지역사회의 환경 또한 적극 활용하여야 한다.

2) 유아교육기관의 음악 환경

유아교육기관의 음악 환경은 유아의 관심과 호기심을 끌 수 있어야 하며 유아들의 음악적 잠재력을 최대한 계발할 수 있도록 제공되어야 한다. 유아들이 흥미가 생길 때 자유롭게 음악적 경험을 할 수 있도록 교실에 음악관련 영역을 구성한다. 이를 음률 영역, 음악 영역이라고 부른다. 음률 영역은 유아가 음악에 반응하고 신체 움직임이나 악기다루기 등의 다양한 표현을 할 수 있는 능력을 계발시키고 표현할 수 있도록 구성한다. 또한 음악과 동작능력의 발달 외에 인지적·신체적·사회적 측면의 통합적 발달을 도울 수 있도록 구성되어야 한다.

음률 영역의 구성 원리를 구체적으로 살펴보면 다음과 같다.

첫째, 음률 영역은 다른 활동의 방해를 최소화하면서 하나의 독립된 공간으로 구성한다.

선반, 가리개, 교구장 등을 이용하여 다른 흥미 영역과 분명한 경계를 두어

독립된 하나의 흥미 영역으로 제공되어야 한다. 음률 영역의 위치는 음악감상 활동뿐만 아니라 노래부르기, 악기 연주, 음악에 따른 신체 움직임 등 활동적이고 시끄러운 소음이 많이 발생하므로 조용한 영역과 먼 곳에 배치하고 쌓기 영역이나 역할 놀이 영역과 인접한 곳에 배치하는 것이 바람직하다. 또한 다른 영역에 확산될 수 있는 소음의 피해를 줄이기 위해 바닥에 카펫을 까는 등 음률 영역에서도 활동 간의 피해를 줄이는 조치가 필요하다.

둘째, 음률 영역은 자유로운 탐색과 다양한 활동 전개를 위한 충분한 공간을 갖추어야 한다.

음률 영역에서는 음악을 만들고 들으며 신체를 움직이는 활동이 이루어지는데, 이러한 음률 활동들은 개별 활동으로만 이루어지기보다는 다양한 크기의 집단 활동으로 이루어질 수 있으므로 충분한 공간이 필요하다.

셋째, 음률 영역에는 다양한 음률 활동의 전개를 위한 교수 자료와 기자재를 배치해 준다.

단순히 피아노나 책상 위 또는 상자 속에 악기 몇 가지를 나열해 놓는 것만으로는 음률 영역이라고 할 수 없다. 음률 영역에는 악기 이외에도 다양한 음악과 동작 활동을 전개할 수 있는 교수 자료와 기자재를 배치한다. 녹음기, 오디오, 카세트 테이프, CD, 헤드폰 등 음악과 동작 활동을 할 수 있는 기자재를 배치해 주어야 한다. 교수 자료의 예로는 다양한 음률 테이프, 음률에 관련된 책, 개사한 노래묶음, 노랫말 판, 동작 지시 카드, 스카프, 리본 테이프, 주제에 맞게 교사와 유아가 함께 제작한 리듬악기 등을 들 수 있다. 교수 자료는 주제에 맞게 바꾸어서 제시하며, 전신 거울을 제공해 주는 것은 특히 창의적 동작 활동에 효과적이다.

넷째, 음률 영역에는 악기와 교수 자료, 기자재는 사용과 정리정돈이 용이하도록 배치한다.

교수자료나 기자재는 유아가 언제라도 사용하기 쉽도록 배치해 주어야 한다. 이때 질 좋은 기기를 사용해야 하며, 유아가 기자재를 쉽게 조작할 수 있도록 사용하는 방법에 대한 설명 자료를 벽면에 게시해 준다. 예를 들어, 녹음기의 버튼 위에는 초록색, 빨간색, 파란색, 노란색의 표시를 해 주고, 초록색 단추는 켜고 싶을 때, 빨간색 단추는 끄거나 열고 싶을 때, 파란색 단추는 뒤로 돌리고 싶을 때, 노란색 단추는 앞으로 돌리고 싶을 때 누르라는 그림 표지판을 벽면에 붙여 준다.

샌드블록, 캐스터네츠 등과 같은 작은 종류의 악기들은 각각의 상자나 바구니를 사용하여 배치하고, 리듬막대는 플라스틱 병이나 통에 수직으로 세워서 배치하여 유아가 쉽게 꺼내 쓸 수 있는 위치에 종류별로 배치해 준다. 교구장이나 선반 위에 악기의 그림자 형태를 그려놓아 그 위에 정리할 수 있도록 한다. 또한 정리된 바구니와 상자에도 악기나 교수 자료의 이름을 종류별로 앞면에 부착하여 제시해 준다.

3) 가정에서의 음악 환경

가정은 유아가 태어나면서 음악을 최초로 접하게 되는 환경이며 생활 속에서 자연스럽게 음악을 듣고 접하게 된다. 유아교육기관에서는 유아에 적합한 음악적 환경을 고려하여 제공하지만 대부분 가정에서는 부모의 음악적 선호와 취향에 따라 음악 환경이 만들어진다. 음악적 능력 발달이 중요한 시기인 유아기의 음악 환경은 유아교육기관 환경으로 국한될 수 없다. 그러므로 가정통신문이나 부모교육을 통해 지적인 소통과 교육을 통해 바람직한 가정 환경을 제공하여 유아의 음악적 발달이 이루어질 수 있도록 하여야 한다. 가정에서의 바람직한 음악환경을 위한 원리를 살펴보면 다음과 같다.

첫째, 유아의 일상생활 속에서 다양한 음악을 경험할 수 있도록 한다.

날씨에 따라, 생활 속에 여러 가지 상황에 따라 어울리는 다양한 음악을 들려준다. 유아라고 해서 동요나 클래식만이 적합한 음악은 아니다. 클래식뿐만 아니라 대중가요, 동요, 가곡, 팝, 재즈 등 다양한 음악을 자연스럽게 경험할 수 있도록 한다.

둘째, 가정에서 부모가 음악을 즐겨 듣고 활용하는 모습을 보인다.

청소를 하면서, 휴식을 취할 때, 또는 운전하고 여행을 갈 때 음악은 생활 속에 항상 함께 한다는 것을 자연스럽게 경험할 수 있도록 한다. 부모가 음악을 생활 속에서 즐겨 듣고 가까이 하는 모습을 자연스럽게 보여준다.

셋째, 유아교육기관에서 경험한 음악활동에 관심을 갖고 가정에서도 함께 해본다.

가정통신문을 이용하여 유아교육기관에서 이루어지는 음악활동을 안내하여 가정에서 자연스럽게 연계될 수 있도록 한다. 가정통신문이나 SNS 등 가정과의 연락채널을 이용하여 노래의 가사, 악보, 감상곡 목록 등을 제공한다.

넷째, 가족과 함께 음악 공연을 보러가거나 음악 체험에 참여해본다.

가족과 함께 음악공연을 보거나 경험할 수 있는 경험은 유아교육기관에서 경험할 수 없는 다양한 음악적 경험을 제공한다. 지역사회의 문화센터, 도서관, 그 밖의 지역단체에서 이루어지는 공연에 대한 정보를 제공하여 유아와 부모가 함께 음악공연을 관람할 수 있도록 한다.

다섯째, 음악과 관련된 물건을 파는 장소를 함께 방문한다.

악기, 음악 관련 서적, 여러 가지 음악 기기 등을 판매하는 곳을 함께 방문하는 것도 유아의 음악적 호기심을 높여줄 수 있다. 다양한 악기를 다루어 볼 수 있고 음악을 들어보고 CD를 구매하는 것을 부모와 함께 경험하는 것도 좋다. 이러한 경험은 자연스럽게 음악을 좋아하고 즐기도록 도와준다.

4) 지역사회에서의 음악환경

지역사회를 살펴보면 음악교육에 활용할 수 있는 환경이 많이 있다. 유아교육기관에서 직접 지역사회와 연계하여 참여하거나 가정에 정보를 제공하여 지역사회의 음악환경을 활용하도록 한다. 거리, 시장, 공원 등 주변에서는 다양한 여러 가지 소리를 들을 수 있고 경험하게 된다. 유아를 위한 음악회, 뮤지컬과 같은 지역사회 음악공연을 관람하는 기회를 정기적으로 갖고, 공연장을 견학하여 무대, 음향, 조명의 쓰임도 견학할 수 있고, 리허설이나 총연습을 관람할 수 있는 기회를 주는 것도 좋다.

4. 음악교육을 위한 교사의 역할

교육효과와 목표를 성취시키기 위해서는 교육기관의 제반시설이나 교구, 자료 등이 교육내용과 활동의 질적 향상에 기여하는 바가 크겠지만 실제로 음악활동을 하면서 유아에게 가장 큰 영향을 주고 음악적 흥미와 호기심을 자극하는 데 결정적인 역할을 하는 것은 교사이다. 박미경과 엄정애(2008)는 수준 높은 음악교육을 유아들에게 실행하기 위해서 중요한 것은 교사의 태도와 의지라고 하였다.

교사는 자신이 겪었던 음악적 경험과 음악환경에 의해 즐겁고 기쁜 기억과 절망과 좌절의 느낌들이 자신의 내면에 잠재하고 있다가 음악에 대한 자신의 태도와 감정으로 표출하게 된다. 그러므로 유치원에서 음악활동을 제공하는 교사는 음악적으로 좋은 본보기를 보여주어야 한다. 유아의 태도에 직접적인 영향을 미치는 요인은 음악활동에 반영되는 교사의 태도와 교사의 음악적 소양이라고 할 수 있다.

교사가 음악적 능력이 있어서 다양한 음악활동과 경험을 유아들에게 제공한다면 유아들은 음악을 즐거워하고 만족스러워 할 것이며, 음악에 친근감을 갖게 될 것이다. 뿐만 아니라 음악에 대해 부정적인 태도와 편견을 가지고 있던 유아들까지도 심정에 변화를 가져오게 할 수 있다. 이와 같이 교사의 태도와 의식 그리고 개별적인 음악적 능력은 유아를 지도할 때 직·간접적으로 영향을 미치게 된다.

또한 교사가 유아 개개인의 음악적 잠재력을 파악한 후 좋은 음악적 교육환경을 제공할 때 유아는 음악에 흥미를 느끼고 스스로 음악적 경험을 체험하고 싶어 하게 된다. 교사가 음악교육을 계획하고 지도하기에 앞서 유아의 음악적 능력과 유아 개개인의 음악 적성의 차이를 고려하여 적합한 교수법을 연구하고 적용하려는 자세가 필요하다.

음악교육에서 교사의 역할은 다음과 같이 정리할 수 있다.

① 교사는 날마다의 수업을 진행하면서 유아들과 상호작용을 하면서 교육의 질을 결정하는 핵심적인 역할을 한다. 자기효능감이 높은 교사는 교육활동에 가치를 느끼며 교육목표 달성을 위해 최대한 노력하며 강한 책임감을 갖는다.

② 교사는 유아음악교육의 중요성과 목적에 대한 올바른 인식을 가져야 하며 유아의 음악적 발달단계와 개인차를 고려한 음악교육을 해야 한다.

③ 교사는 유아들에게 유아 개개인에게 적절한 음악활동을 지속적으로 제시하고 유아가 참여하고 즐길 수 있도록 하는 제시자의 역할을 해야 한다.

④ 교사는 유아들 개개인과 적절한 음악적 상호작용을 하면서 유아의 흥미를 유발하고 관심을 끌 수 있는 교수방법을 계발하여 지도하면서 동시에 음악적 관찰자의 역할을 해야 한다.

⑤ 교사는 유아를 주의 깊게 관찰한 후에 유아가 풍부한 음악적 경험을 할 수 있도록 적합한 환경을 조성하여 주는 음악환경 구성자가 되어야 한다.

⑥ 교사는 유아가 날마다 배우고 경험하는 음악적 발달내용과 교사와 유아 간의 상호작용을 기록하여 유아의 음악적 요구와 관심에 대해 이해하도록 노력해야 한다.

5. 유아음악교육을 위한 평가

유아음악활동의 평가란 음악활동의 결과뿐만 아니라 음악활동 과정 전반의 가치나 중요성에 대해 판단하는 과정으로 이러한 평가의 결과가 음악교육과정의 구성 및 운영에 적극적으로 반영될 때 음악교육과정의 효율성을 보장하게 되며 나아가 유아의 전인적인 발달을 도모하게 된다. 유아음악교육에서 평가는 상당히 중요하지만 어려운 작업이다. 음악이라는 특성, 즉 창조력을 기초로 한 예술성, 표현성 등은 주관적이며 측정하기 어려운 속성을 내포하고 있기 때문이다(안재신, 2004).

음악활동 평가의 목적은 유아의 올바른 성장을 위하여 새로운 지도방안을 모색하고 더욱 자신감 있게 유아의 음악표현활동과 음악적 안목을 길러주기 위한 것이므로 종합적인 관점의 평가가 이루어져야 할 것이다. 음악활동의 평가는 음악교육이 실제로 유아의 탐색과 창의력, 표현력, 관찰력, 음악적 감각, 감상능력 등을 어느 정도 변화시켰는가를 측정하고 또 활동 목표에 얼마나 접근하였는가를 반영하여 음악활동지도에 도움이 되어야 한다(김연주 외, 2014).

1) 유아음악활동 평가의 의의

유아음악활동의 평가는 음악활동의 교육 목표의 성취 정도와 교육 목표에 따른 유아의 변화과정을 파악하고 다음 활동에 필요한 기초 자료를 제공하기 위해서 필요하다. 즉, 유아음악활동의 평가는 유아의 음악적 발달에 대한 정보를 알 수 있으며, 이후의 수업계획과 전개를 보다 용이하게 해 준다. 또한 교사와 부모 간 의사소통을 원활하게 해 준다(심성경 외, 2012). 이러한 음악활동 목적을 달성하기 위해 음악활동 평가의 의의를 제시하면 다음과 같다.

첫째, 교사에게 유아에 대한 이해의 기회를 주고 유아에게는 자신의 표현을 개선하고 발달시키는 데 도움을 준다.

둘째, 유아의 음악활동에서 설정했던 목표를 어느 정도 달성했는가를 알게 해 준다.

셋째, 유아가 스스로 자신의 표현을 발견하고 자신감을 갖게 한다.

넷째, 정기적인 평가 실시로 유아의 개별적인 음악행동의 발달상황에 대한 이해를 돕고 교사 자신의 교육계획, 교육내용, 교육방법, 교수자료 등 자신의 교육계획 수행을 점검하여 음악교육의 목표를 달성하였는지 여부를 확인할 수 있다.

2) 유아음악활동의 평가방법

(1) 유아에 대한 평가

교사는 하루 일과를 통해 유아를 관찰하고 상호작용하여 이를 바탕으로 유아를 평가한다. 교사의 이러한 유아행동 관찰 및 평가는 발달상황을 파악할 수 있으며, 그것을 기초로 유아에게 적절한 음악활동을 지원, 제공할 수 있다.

① 유아 관찰 평가

유아의 음악적 능력에 대한 평가는 교사가 유아를 관찰에 의해 주로 이루어진다. 같은 연령이라 하더라도 유아의 음악적 발달과 경험에 따라 유아의 음악활동 내용을 달라질 수 있기 때문에 자연스러운 상황에서 유아의 음악활동을 관찰하여야 한다. 일반적으로 유아를 관찰하는 데 있어 많이 사용되는 방법으로는 일화기록법, 행동목록법(체크리스트), 평정척도법 등이 있다.

교사가 음악활동 중 관찰할 내용은 다음과 같다.

음악활동 영역	관찰 내용
소리탐색 활동	• 다양한 소리에 민감하게 귀기울이는가? • 일상적인 소리와 소음, 그리고 음악을 구별하여 들을 수 있는가? • 생활 주변의 물건들을 가지고 다양한 소리를 만들어 보는 경험을 했는가? • 소리를 만들 때 어떤 소리를 내고자 예측하고 실험하는가?
음악감상 활동	• 다양한 종류의 음악을 들을 기회를 가졌는가? • 적극적인 감상자가 되기를 기꺼이 희망하는가?
노래부르기 활동	• 유아가 얼마나 즐겁게 노래를 부르는가? • 얼마나 다양한 동요를 부르고 있는가? • 얼마나 자신감을 가지고 부르는가? • 얼마나 자발적이고 적극적으로 노래부르기에 임하는가?
악기연주 활동	• 악기를 장난감으로 여기지 않고 음악적 도구로 인식하는가? • 리듬악기의 바른 연주방법과 태도를 알고 있는가? • 즐거운 마음으로 악기 연주에 참여하는가?
신체표현 활동	• 음악의 기본 개념을 신체표현을 통해 자연스럽게 인식하는가? • 노랫말에 따른 신체표현에 즐겁게 참여하는가? • 노래내용에 따른 신체표현에 적극적으로 참여하는가? • 음악을 듣고 그 느낌과 분위기를 신체로 표현하는 활동에 자발적으로 참여하는가? • 손유희를 정확하게 익히고 따라 하는가?

출처: 하정희 외(2013)

〈유아의 음악적 태도 질문 예시〉

질문			예	아니오
탐색	1	다양한 악기 소리를 듣는 것을 즐거워한다.		
	2	다양한 악기 소리를 듣고 악기의 종류를 구별한다.		
	3	음악에 주의 깊게 귀를 기울여 듣는다.		
	4	노랫말에 흥미를 갖고 정확하게 듣는다.		
	5	듣기 좋은 소리와 시끄러운 소리를 구별한다.		
표현	6	목소리나 신체를 이용하여 다양한 소리를 낸다.		
	7	신체기관을 이용하여 박자와 리듬치기를 한다.		
	8	소리를 만들고 듣는 과정에 적극 참여한다.		
	9	간단한 노랫말이나 노래를 만든다.		
	10	노래를 듣고 잘 따라 부른다.		
	11	노래를 부르며 자신의 감정을 자연스럽게 표현한다.		
	12	여러 가지 노래를 즐겨 부른다.		
	13	음악에 맞추어 악기를 연주한다.		
	14	리듬악기 연주를 즐겨 하며 적극 참여한다.		
	15	소리의 높고 낮음을 구별하여 소리가 움직이는 방향을 손으로 표현한다.		
	16	신체를 이용하여 주변의 여러 가지 모양과 움직임을 따라 한다.		
	17	신체를 이용하여 주변의 여러 가지 모양과 움직임을 창의적으로 표현한다.		
	18	간단한 손동작을 따라 한다.		
	19	기본 동작을 이용하여 창의적인 동작표현을 한다.		
	20	다양한 소재(음악, 이야기, 경험 등)에 대한 생각과 느낌을 음악과 동작으로 통합하여 표현한다.		
감상	21	다양한 소리와 악기 연주 소리에 관심을 갖고 즐겨 듣는다.		
	22	다양한 종류의 음악을 듣고 생각과 느낌을 이야기한다.		
	23	다양한 종류의 율동에 대하여 흥미를 가진다.		
	24	다양한 종류의 율동을 보고 생각과 느낌을 이야기한다.		
	25	다른 사람의 노래를 흥미 있게 듣는다.		
	26	우리나라의 전통가락을 흥미 있게 듣는다.		
	27	우리나라의 전통가락에 관심을 기울인다.		
	28	노래를 듣고 몸을 움직여 표현하는 것에 관심을 갖고 감상한다.		

출처: 안재신, 한애향(1999).

② 유아 면접 평가

면접법은 유아와의 대면을 통해 자료를 수집하는 방법으로 유아에 대한 많은 정보를 알고 싶을 때 유용하게 사용된다. 상황에 따라 질문이 달라질 수 있는 유통성이 있으며, 문자해독 능력이 없는 유아에게 질문을 함으로써 질문에 대한 답변을 명확히 할 수 있다.

- 오늘 음악활동이 어땠니?
- 음악활동 중에 무엇이 즐거웠니?(좋았니?)
- 음악활동 중에 무엇이 어려웠니?
- 음악활동을 혼자서도 잘 할 수 있었니?
- 음악활동 중에 도움이 필요했던 적이 있었니?
- 음악활동을 위한 악기가 충분했니?
- 다음에도 이 음악활동을 하고 싶니?
- 다음에는 어떤 음악활동을 하고 싶니?

③ 포트폴리오 평가

유아의 음악 발달을 평가하기 위해 포트폴리오를 활용할 수 있다. 이전의 관찰방법들을 통해 얻은 평가자료, 면접을 통한 자료, 음악활동 사진, 결과물 등을 종합하여 포트폴리오를 구성해 볼 수 있다. 포트폴리오 평가란 수집된 기록물들을 근거로 유아의 학습 및 수행력을 향상시키거나 모니터하기 위해 고안된 평가의 한 유형이다. 유아의 포트폴리오 평가자료를 통해 유아가 음악매체와 자료를 사용함에 있어 발달과정 및 성취도와 생각, 개념, 사물, 감정의 표현을 알 수 있으며, 부모를 위한 보고 자료로써 그리고 다음 교육계획을 세우는 데 유용하게 사용된다. 유아음악교육에서 포트폴리오 평가를 종합적·체계적으로 활용한다면 유아의 음악적 능력에 대한 총체적이고 역동적이며 심층적인 평가가 이루어질 수 있다.

음악활동 평가에 대한 포트폴리오 자료로는 유아의 음악활동 사진, 유아가 쓴 글, 음악활동에 대한 기록, 친구들과 함께 활동한 것들이 작업표본이 될 수 있으며, 작업표본을 수집하는 과정에서 사진이나, 문서, 비디오 촬영이 있을 수 있다.

(2) 교사 자신에 대한 평가

음악활동을 준비하고 실시하는 과정에서 유아를 관찰하며 활동을 진행 후, 교사 자신의 음악활동에 대한 수업 평가를 통해 교수과정을 점검하는 것이다. 교사는 자신의 교육계획 수행을 점검하고 음악목표를 달성하였는지 확인할 수 있다. 또한 이러한 평가를 바탕으로 교사는 유아에게 보다 적절한 프로그램을 제공하고 교육적인 결정을 내릴 수 있다.

〈교사용 음악교육활동 평가 예시〉

	내용
1	우리 반에서는 유아가 자발적으로 노래를 부를 수 있도록 충분히 실시되고 있다.
2	우리 반에서는 유아로 하여금 높고 낮은음이 있는 다양한 소리를 스스로 만들어 보도록 지도하고 있다.
3	우리 반에서는 노래를 선정할 때는 유치원의 단원, 수업주제를 고려하여 짧은 곡을 선정하여 실시하고 있다.
4	우리 반에서는 일주일에 새로운 곡 하나씩 소개하고 있다.
5	우리 반에서는 새로운 노래를 소개할 때 새 노래를 며칠에 나누어 점차적으로 소개하고 있다.
6	우리 반에서는 노래를 부를 때 유아와 교사가 모두 즐겁고 재미있는 경험이 되도록 노래에 관련된 이야기를 설명해주고 있다.
7	우리 반에서는 소리 나는 도구나 악기, 놀잇감을 유아가 쉽게 조작해 볼 수 있는 곳에 두고 있다.
8	우리 반에서는 폐품을 이용하여 만든 다양한 악기 등을 비치하여 쉽게 사용할 수 있도록 하고 있다.
9	우리 반에서는 실외놀이에서 자연의 소리를 듣고 탐색할 기회를 제공하고 있다.
10	우리 반에서는 소리 듣기의 활동은 즐겁고 친근하며 편안한 분위기에서 진행되도록 실시하고 있다.
11	우리 반에서는 유아의 성숙 수준, 능력, 흥미에 따라 듣기 기술을 경험하고 창의적으로 생각하고 시도하도록 실시하고 있다.
12	우리 반에서는 소리에 관한 이야기에서 나온 소리들을 유아의 신체 소리나 목소리로 다시 내어보도록 실시하고 있다.
13	우리 반에서는 여러 가지 소재를 이용하여 소리를 만들어 볼 수 있도록 실시하고 있다.
14	우리 반에서는 유아들에게 리듬악기를 다양하게 경험하도록 실시하고 있다.
15	우리 반에서는 유아에게 악기를 소개할 때는 악기의 이름, 생김새 및 연주방법을 알려주고 있다.
16	우리 반에서는 민속 악기를 접할 기회를 갖도록 하고 있다.

17	우리 반에서는 다양한 악기를 탐색할 기회를 갖도록 하고 있다.
18	우리 반에서는 악기 소리의 차이를 직접 듣고 구별할 수 있도록 지도하고 있다.
19	우리 반에서는 다양한 곡을 듣게 한 후 유아에게 언어적으로 반응할 수 있는 시간을 충분히 주고 있다.
20	우리 반에서는 음악 감상곡이 짧으면서도 폭넓은 음악을 듣도록 실시하고 있다.
21	우리 원에서는 주변의 인사나 단체를 활용하여 생생하게 연주되는 질 높은 음악을 들을 기회를 갖도록 지도하고 있다.
22	우리 반에서는 단원이나 수업주제에 적절한 곡을 감상하게 한다.
23	우리 반에서는 음악을 듣고 음악에 맞는 다양한 신체적인 표현을 하도록 격려하고 있다.
24	우리 반에서는 음악을 듣고 그림으로 표현하도록 실시하고 있다.
25	우리 원에서는 우리 가락을 듣고 즐길 수 있도록 실시하고 있다.

출처: 박은영(2012).

(3) 음악환경에 대한 평가

유아음악활동은 음률 영역의 환경에 따라 유아의 경험이 달라질 수 있으므로 다양하고 교육적인 음악적 경험을 위해 음률 영역의 환경 구성에 대한 평가 역시 필요하다. 교육기관에서의 음악적 환경뿐만 아니라 가정에서의 환경 역시 유아의 음악적 능력을 발달시키는 데 도움이 되므로 가정에서도 유아가 많은 음악을 들으며 자유롭게 탐색하고 사물과 자연 등 음악적 경험이 다양하게 이루어질 수 있는 기회가 제공될 수 있도록 하여야 한다.

〈가정의 음악적 분위기 평가 예시〉

내용		그렇다	보통	그렇지 않다
1	가족들이 집에서 노래 부르기를 즐긴다.			
2	가족들이 집에서 악기 연주를 한다.			
3	가정에서 라디오나 TV의 음악 프로그램(대중가요 제외)을 즐겨 듣는다.			
4	노래나 악기 연주를 하면 가족들이 함께 감상한다.			
5	가족들이 음악회에 간다.			
6	가족 중 자신의 연주회(발표회)를 갖거나 직접 출연한 적이 있다.			
7	집에서 일을 할 때 음악을 틀어놓는다.			
8	임신 기간 중 태교 음악을 선별하여 들었다.			

9	아버지나 어머니가 좋아하는 레코드나 CD를 수집한다.			
10	자녀에게 동요를 불러주는 일이 있다.			
11	자녀를 재울 때 자장가를 불러준다.			
12	자녀를 위해서 평소에 음악(대중가요 제외)을 틀어놓는다.			
13	부모가 새로운 노래를 자녀에게 가르쳐 주는 일이 있다.			
14	자녀에게 악기를 연주하도록 악기를 제공하여 준다.			
15	자녀가 음악을 전공하기 원한다.			
16	자녀가 노래하거나 악기연주 혹은 음악감상을 하면 격려해 준다.			

출처: 유예경(1985)

Part 02

유아음악교육의 실제

제7장 소리탐색

제8장 음악감상

제9장 노래부르기

제10장 악기지도

제11장 신체표현

제12장 음악창작

제13장 음악극

Chapter 07

소리탐색

1. 소리탐색의 중요성

우리 주변에는 많은 소리가 존재하고 의도적이든 그렇지 않든 소리와 공존하는 환경 속에서 살고 있다. 유아는 태내에 있을 때부터 주변의 여러 가지 소리를 듣게 된다. 소리(sound)란 어떤 힘에 의해 발생한 진동(물체의 떨림)이 공기를 통해 귀로 전달되어 감각을 일으키는 것으로, 들을 수 있는 범위 안에서 진동할 때만 소리로 들리게 된다. 소리는 진동의 모양과 크기에 따라 여러 가지 다양한 소리가 되며, 어떤 소리는 아름다운 음악이 되기도 하며, 어떤 소리는 듣기 불편한 소음이 되기도 한다. 따라서 음악을 이해한다는 것은 소리의 다양한 속성을 아는 것에서부터 비롯되며 소리를 탐색하는 것은 음악 개념을 형성하고 즐기는 데 매우 중요한 역할을 한다.

유아는 소리를 눈으로 볼 수는 없지만 소리가 갖고 있는 진동을 느껴보거나, 진동을 만들어 보면서 소리를 탐색해 볼 수 있다. 소리탐색은 소리가 어느 방향에서 나는지를 알아내는 것에서부터 시작된다. 유아는 주변에서 들려오는 수많은 소리를 듣고 그 소리와 갖가지 관계를 맺으면서 소리의 영향을 받게 된다. 처음에는 소리 나는 물체에 관심을 갖고 한참 동안 쳐다보다가 그 다음에는 만져보고, 여러 가지 방법으로 소리를 내보면서 반복 학습을 하는 것을 알 수 있다.

유아가 물체를 두들기는 것은 물체에 대한 관심과 호기심의 표현이며 새로운 소리에 대한 탐색의 시작이다. 소리에 민감하게 반응하고 다양한 물체와 도구를 이용해서 소리를 만들어보고 느끼면서 소리탐색을 하는 과정은 정상적인 유아에게 자연스럽게 나타나는 현상이다. 유아가 물체를 여러 가지 방법으로 다뤄봄으로써 소리를 내는 방법을 알게 되고 느끼게 되면서 자신이 좋아하는 소리와 싫어하는 소리를 구별하는 경험과 탐색을 할 수 있도록 자유스러운 분위기와 환경을 만들어 주어야 한다.

소리탐색의 학습에는 일정한 단계가 있다. 처음에는 유아가 다양한 소리에 대해 알도록 하는 것이 중요하며 그 다음 단계는 소리를 느끼고 분류하며 소리들이 차이가 있다는 사실을 알게 된다. 이러한 과정을 통해 유아는 소리들 간의 기본적인 특성을 배우게 되어 소리를 듣고 생각이나 느낌을 갖게 되며, 이는 노래부르기, 악기연주하기, 신체표현하기 등 전반적인 음악 활동으로 연결된다.

유아를 둘러싸고 있는 일상의 풍부한 소리에 대한 경험은 소리 자체가 가지고 있는 독특한 리듬과 음률의 경험과 아름다움을 느낄 수 있는 기회를 제공하여 유아 자신의 새로운 음악 경험과 음악적 표현 능력의 폭을 넓히게 한다.

2. 소리탐색의 내용

소리탐색 지도에서 다루어야 할 내용은 다음과 같다.

1) 신체를 활용한 소리탐색

인간의 신체를 활용해서 낼 수 있는 소리는 매우 다양하며 신체는 유아가 가장 좋아하는 악기라고 할 수 있다. 유아들은 자기 몸으로 소리 내는 것을 좋아하는데 스스로 자기 몸을 이용해서 창의적인 소리를 만들고 자신이 만들어 낸 소리를 즐긴다.

말하기, 손뼉치기, 허밍하기, 무릎치기, 손등, 가슴 등의 신체 일부 두드리기, 휘파람 불기, 발 구르기 등 신체를 이용해서 낼 수 있는 소리는 다양하다. 유아들에게 자신의 몸으로 낼 수 있는 방법을 스스로 생각해 보도록 한 다음 몸을 이용하여 여러 가지 소리를 내보도록 한다.

2) 자연의 소리탐색

동물들의 울음소리, 바람에 나뭇잎이 흔들리는 소리, 비오는 소리, 천둥소리, 시냇물이 흐르는 소리 등 많은 자연의 소리가 있다. 이러한 자연의 소리는 특별히 숲이나 강가를 찾아가지 않아도 우리 주변에서도 쉽게 들을 수 있다. 창문을 열고 자연의 소리를 들어보고, 산책을 하면서 바깥 놀이를 하면서 들리는 다양한 자연의 소리를 자연스럽게 들어 본다.

3) 생활 용품을 통한 소리탐색

우리의 생활 주변에는 다양한 소리들이 있다. 주변에서 흔히 볼 수 있는 그릇, 냄비, 숟가락, 상자, 블록을 두드려보고 소리를 탐색하는 것은 악기의 소리탐색에 대한 호기심으로 연결된다. 일상사건과 사물에서 발생하는 소리를 쉽게 관련 짓고 구별할 수 있도록 격려하고 유아가 무엇인가를 하거나 사물을 조작하고 움직이고 있을 때 들리는 소리에 집중하도록 한다.

4) 악기를 통한 소리탐색

악기는 유아음악교육에서 매우 중요한 역할을 한다. 악기연주는 신체 사용과 연결되며 소리와 동작이 밀접하게 연결되는 관계임을 유아가 스스로 느끼고 체험하게 해 준다. 악기를 만지면서 여러 가지 방법으로 소리를 내는 경험을 하게 되며, 다양한 악기를 경험해 봄으로써 유아들은 더욱 풍부한 음악적 경험을 하게 된다. 악기에서 나는 소리는 유아들이 음색을 발견하고 비교하는 데 도움을 주며 청감각을 자극하고 음의 높낮이, 음의 강약, 음의 장단, 빠르기 등의 음악의 기본 개념을 자연스럽게 익히고 직접 체험하는 데 결정적인 도움을 준다.

3. 소리탐색을 위한 교수학습방법

1) 소리탐색을 위한 계획

소리탐색 활동을 하기 위해서는 주변의 다양한 소리가 나는 도구들을 쉽게 경험해 볼 수 있도록 환경을 마련하고 다양한 소리를 탐색하고 들어 볼 수 있는 기회를 제공해 주어야 한다. 소리탐색은 소리를 탐색해 보고, 소리의 느낌을 표현해 보고, 소리를 만들어 보고 표현해 보는 활동을 해 볼 수 있으며 다음과 같은 단계로 계획할 수 있다.

① 소리 듣고 소리 구분해 보기
주변의 소리를 듣고 각각의 소리를 구분해 본다. 다양한 물건의 소리, 자연의 소리, 동물의 소리 등을 듣고 무슨 소리인지 구분해 본다.

② 비슷한 소리 찾아보기
다양한 소리를 들어 보고 소리 사이에 비슷한 점과 다른 점을 찾아 본다. 처음 들었던 소리와 무엇이 다르고, 무엇이 비슷한지 생각해 보고 찾아본다.

③ 소리의 느낌을 표현해 보기
소리를 듣고 자신의 경험과 연관지어서 소리에 대한 생각과 느낌을 이야기해 본다. 어디서 들었던 소리인지 어떤 느낌인지 이야기 나눈다.

④ 소리 만들어 보기
어떻게 소리를 만들 수 있는지 생각해 보고 주변에 있는 여러 가지 물건을 이용해서 소리를 만들어 본다. 예를 들어, 페트병으로 소리를 낼수 있는 방법을 찾아보고 실제로 조작하여 여러 가지 소리를 만들어 본다. 이때 폐품으로 악기를 만들어 음악에 맞추어 연주해 보는 활동으로 확장할 수 있다.

⑤ 그림책을 읽고 소리로 표현해 보기
그림책을 읽고 그림책 내용에서 나오는 여러 가지 장면과 상황을 소리로 표현해 본다. 신체, 생활용품, 재활용품, 악기 등을 다양하게 활

용하여 그림책 내용의 느낌을 보다 입체적으로 만들어 보도록 한다. 이 과정에서 유아들은 음악적 능력은 물론이고 성취감과 창작의 즐거움을 경험하게 된다.

2) 소리탐색 지도 시 고려할 사항

소리탐색 활동은 소리를 구분하고 소리의 특징을 찾아내는 등의 활동으로 과학 활동의 한 부분이기도 하다. 음악교육에서의 소리탐색은 소리를 인식하고 구분하는 과학 활동에서 그치지 않고 이를 활용하여 음악에 활용할 수 있도록 하는 것이 중요하다.

소리탐색 활동지도 시 고려할 사항을 살펴보면 다음과 같다.

첫째, 소리탐색을 위한 다양한 자료를 준비한다.

소리를 탐색하고 소리의 셈여림, 높이, 길이 등 음악 개념을 자연스럽게 형성할 수 있도록 하며, 소리를 낼 수 있는 다양한 실물재료와 음원을 준비한다. 특히, 주변에 영유아가 쉽게 볼 수 있는 냄비, 책상, 재활용품, 장난감 등을 활용하는 것이 좋다.

둘째, 음악활동의 출발을 소리탐색에서부터 시작한다.

음악은 여러 가지 소리를 이용하여 셈여림, 높이, 길이 등 음악적 요소를 이용하여 만들어진 것이다. 음악을 노래로 불러보고 악기로 연주하거나, 이렇게 연주된 음악을 감상하고 그 느낌을 표현하는 것은 소리에 대한 탐색에서부터 출발한다.

셋째, 연령에 따라 소리탐색 활동의 비중을 고려한다.

특히 악기 연주는 다양한 소리를 만들어 내고 이를 음악으로 연주한 것이므로 소리탐색은 악기 연주와 매우 밀접한 관련이 있다. 따라서 소리탐색은 악기 연주하기 안에서 함께 다루어 볼 수도 있으나 영아의 음악교육에서는 악기 연주보다는 소리 인식, 소리를 만들어 보고 이를 음악과 연결시켜 보는 활동이 적합하다. 따라서 연령에 따라 소리탐색과 악기 연주하기의 비중을 고려하는 것이 좋다.

3) 소리탐색의 일반적 지도방법

(1) 도입

① 다양한 소리를 들어본다.

다양한 물건의 소리, 동물의 소리, 신체를 이용한 소리에 대한 음원을 준비해서 듣고 구분해 보거나 실제 물건을 직접 조작하면서 들어볼 수 있도록 한다.

② 소리탐색 활동을 할 때 지켜야 할 약속을 정한다.

- 소리를 잘 들으려면 어떻게 해야 할까?

(2) 전개

① 소리를 들어본다.

- 이것은 무슨 소리일까?

② 소리를 듣고 소리에 대한 생각과 느낌을 이야기 나눈다.

소리를 듣고 자신의 경험과 연관지어 이야기하거나 비슷한 소리를 찾아보거나 구분해 본다.

- 이 소리는 어디에서 들어봤니?
- 이 소리를 들으니 어떤 느낌이 드니?

③ 다양한 실물을 준비하여 영유아가 직접 다양한 소리를 탐색해 보게 한다.

- 이 소리와 비슷한 소리를 내는 물건을 찾아보자.
  같은 물건이라도 조작하는 방법에 따라 다른 소리가 날 수 있음을 경험하게 한다.
- 이 물건은 어떻게 소리를 낼 수 있을까?
- 이 방법 말고 다른 방법은 무엇이 있을까?

(3) 마무리

① 소리탐색 활동을 회상하며 평가한다.

어떤 소리를 내 보았는지, 어떤 방법으로 소리를 냈는지, 무엇이 재미있었는지 등을 이야기하고 평가한다.

② 연관된 활동으로 확장한다.

4. 소리탐색 활동의 실제

몸으로 소리 내 봐요

활동목표

1. 몸에서 나는 소리에 관심을 갖는다.
2. 신체(손, 발, 입 등)와 목소리를 이용하여 소리를 만들어 본다.

활동자료

가리개

활동방법

1. 도입
   ① 우리 몸에서 나는 소리에 대해 이야기 나눈다.
   - 우리 몸에서 소리가 나는 것을 들어 봤니?
   - 어떤 소리가 나니?

   ② 우리 몸으로 낼 수 있는 소리에 대해 이야기 나눈다.
   - 몸으로 어떤 소리를 낼 수 있을까?
   - 손/발/입/목소리로 어떻게 소리 낼 수 있을까?
2. 전개
   ① 몸으로 소리를 만들어 본다.
   - 손바닥을 쳐서 소리를 만들어 보자.
   - 손으로 배를 두드려 소리를 만들어 보자.

   ② 신체 부위를 이용하여 만든 소리를 알아맞혀 보는 게임을 한다. (가리개나 칠판 뒤에서 유아가 보이지 않게 하여 소리를 내 본다.)
   - 선생님이 먼저 소리를 내 볼게, 어떻게 낸 소리일까?
   - 이번에는 누가 나와서 소리를 만들어 보겠니?
3. 마무리
   ① 몸으로 소리를 만들어 본 느낌을 이야기 나눈다.
   - 몸으로 소리를 만들어 보니 어땠니?
   - 어떻게 소리를 낼 때가 재미있었니?
   - 소리 내는 것이 어려운 부분이 있었니?

참고사항

① 유아들과 배운 노래에 맞춰 몸으로 연주해 보는 활동을 해 볼 수 있다.

② 유아를 몇 그룹으로 나누어 각 팀이 연주할 소리를 정한 다음, 노래에 맞춰 연주해 볼 수 있다.

여러 가지 동물 소리

활동목표

1. 여러 가지 동물의 소리를 듣고 소리를 흉내 내본다.
2. 여러 가지 동물의 소리를 악기나 물건을 두드려 표현해 본다.

활동자료

여러 가지 동물의 소리 녹음, 다양한 타악기, 페트병, 깡통, 빨래판, 냄비 등 생활용품

활동방법

1. 도입
   ① 유아들과 여러 가지 동물의 소리를 듣고 이야기 나눈다.
   - 어떤 동물의 소리일까?
   - 동물의 소리를 들으니 어떤 느낌이 드니?
   - 어떤 장면이 생각이 나니?
2. 전개
   ① 동물의 소리를 다시 한번 들어보고 흉내 내본다.
   - 동물의 소리를 따라 해 볼까?

   ② 리듬악기와 생활용품을 사용하여 동물의 소리와 어울리는 소리를 만들어 본다.
   - 이 동물의 소리는 무엇으로 소리를 내 볼까?
   - 어떻게 소리를 내 볼까?

   ③ 동물 소리 음향을 틀어놓고 다시 한번 리듬악기나 생활용품으로 소리를 표현해 본다.
3. 마무리
   ① 동물의 소리를 듣고 소리를 만들어 본 느낌을 이야기 나눈다.
   - 동물 소리를 만들어 보니 어땠니?
   - 어떤 동물 소리를 낼때가 재미있었니?
   - 어떤 동물 소리 내는 것이 어려웠니?

높은 소리, 낮은 소리

활동목표

1. 높고 낮게 연주되는 음악을 듣고 음높이를 구별해 본다.
2. 다양한 음높이를 신체로 두드려서 표현해 본다.

활동자료

작은별 연주 음악(교사가 악기로 작은 별 음악을 연주하면서 할 수 있다)

활동방법

1. 도입
   ① 유아들에게 '작은 별' 노래를 함께 부른다.
   - 작은 별을 옥타브를 옮겨서 연주하여 들려주고 음높이가 어떻게 다르지 이야기해 본다.
   - 아까 들려준 노래와 이번에 선생님이 들려준 노래의 음높이가 어떠니?
2. 전개
   ① 연주되는 음높이를 몸으로 어떻게 표현할 수 있을지 이야기한다.
   ② 음 높이 소리에 맞춰 신체로 표현해 본다.
   - 높은 소리가 날 때는 몸을 어떻게 움직여볼까?
   - 낮은 소리가 날 때는 몸을 어떻게 움직여볼까?
   ③ 음높이에 따라 신체를 두드려 본다.
   - 높은 소리가 날 때는 몸의 어느 부분을 두드려볼까?
   - 낮은 소리가 날 때는 몸의 어느 부분을 두드려볼까?
   ④ 작은별 노래를 들으며 음높이에 따라 신체를 두드려 본다.
3. 마무리
   ① 음높이에 따라 신체를 두드려서 표현해 본 느낌을 이야기 나눈다.
   - 음높이를 몸으로 표현해 보니 어땠니?
   - 어떤 것이 재미있었니?
   - 어떤 것이 어려웠니?
   - 음높이를 또 어떤 것으로 표현해 보고 싶니?

생활 속 재미있는 소리

활동목표

1. 생활 속에서 나는 다양한 소리에 관심을 갖는다.
2. 생활 속의 여러 가지 소리를 다양한 방법으로 표현해 본다.
3. 생활 속의 여러 가지 소리로 음악을 만들어 본다.

활동자료

난타 공연 동영상, 여러 가지 생활용품(페트병, 볼펜, 스텐그릇, 주전자, 종이컵 등), 리듬막대

활동방법

1. 도입
   ① 난타 공연 동영상을 시청한다.
   - 연주한 악기에 무엇이 있었니?
   - 음악을 들어보니 어떤 느낌이 들었니?

   ② 여러 가지 생활용품을 소개한다.
   - 이것을 본 적이 있니?
   - 어디에 사용하는 물건일까?
   - 우리도 두드려서 음악을 만들 수 있을까?
2. 전개
   ① 두드려서 소리 내는 방법을 이야기하고 소리를 내 본다.
   - 이것은 어떻게 소리를 내면 좋을까?
   - 손으로 물건을 두드려 보자.
   - 리듬막대로 두드려서 소리를 내 보자.
   - 또 어떤 방법으로 소리를 낼 수 있을까?

   ② 모둠을 나누어서 소리를 방법을 결정하고 교사의 지휘에 따라 소리를 내본다.
3. 마무리
   ① 생활용품으로 소리를 내 본 후 느낌을 이야기 나눈다.
   - 생활용품으로 소리를 만들어 보니 어땠니?
   - 어떤 것이 재미있었니?
   - 어떤 것이 어려웠니?
   - 또 어떤 것으로 연주해 보고 싶니?

소리를 듣고 이야기를 만들어요

활동목표

1. 자연과 주변 환경에서 나는 소리에 관심을 가진다.
2. 다양한 음색을 변별하는 경험을 한다.
3. 들은 소리를 이야기로 표현해 본다.

활동자료

여러 가지 주변의 소리를 2~3가지 이어 녹음한 자료(예 피아노 연주 + 박수 소리, 휘파람소리 + 강아지 짖는 소리, 아기 울음 소리 + 문 여닫는 소리 + 아기 웃음 소리 등), 카세트, 녹음된 소리와 일치하는 그림 카드

사전활동

자연과 주변 환경에서 들을 수 있는 여러 가지 소리를 녹음한 후 어떤 소리일지 알아 맞히기 활동을 해 보거나, 산책/견학을 하면서 들을 수 있는 소리를 유아들과 함께 녹음해 보는 활동을 해 본다.

활동방법

1. 도입
   ① 녹음된 여러 가지 소리를 차례로 들려주고 유아들과 이야기해 본다.
   - 어디에서 들을 수 있는 소리일까?
   - 무엇을 할 때 나는 소리일까?
2. 전개
   ① 두 가지 소리를 한꺼번에 들려준 후 소리의 느낌에 따라 상상하여 이야기를 만들어본다.
   - 피아노 연주 + 박수 소리 = 음악회에서 피아니스트가 연주를 끝내자 관객은 박수를 쳐주었어요.
   - 아기 울음 소리 + 문 여닫는 소리 + 아기 웃음 소리 = 아기가 울어서 엄마가 방에 들어와 아기를 안아주자 아기가 좋아했어요.
   - 발자국 소리 + 초인종 소리 + 문 여닫는 소리 = 아빠가 회사 갔다 오셨어요.
   - 파도 소리 + 갈매기 소리 + 뱃 소리 = 바닷가에 가서 파도도 보고, 갈매기가 날아가는 것도 보고, 배도 탔어요.

3. 마무리

① 소리를 듣고 이야기를 만들어 본 느낌에 대해 이야기 나눈다.

- 소리를 듣고 이야기를 만들어 보니 어땠니?
- 어떤 소리가 가장 알기 어려웠니?
- 어떤 이야기가 가장 재미 재미있었니?

08 Chapter 음악감상

1. 음악감상의 중요성

유아는 라디오, 텔레비전, 뮤직박스 등을 통해, 그리고 주위의 어른이 노래하는 것 등 자신의 환경으로부터 자연스럽게 많은 음악을 듣는다. 유아교육기관에도 등원할 때, 놀이할 때, 점심이나 간식을 먹을 때도 항상 음악이 있고, 유아들은 이렇게 자연스럽게 음악을 들으면서 생활한다.

음악감상은 직접 감상과 간접 감상으로 나눌 수 있다. 직접 감상이란 곡을 선정하여 음의 흐름과 소리, 음의 구성요소 등을 이해하는 구체적 경험을 갖도록 구성된 수업 행위를 말한다. 이에 반해 간접 감상은 음악이 들리는 상황에 자연스럽게 놓여져 일부러 듣지 않아도 자신의 의지와 상관없이 자연스럽게 음악을 듣게 되는 것을 간접 감상이라고 한다. 음악 교육에서 음악감상은 직접 감상을 말한다. 이는 노래를 부르고, 악기를 연주할 때도 잘 듣고 이해해야 하므로 음악감상하기는 음악에 대해 느끼고 이해할 수 있는 가장 기본적인 음악활동이다.

유아기는 셈여림, 음색, 음높이, 빠르기 등의 음악적 개념을 적절한 경험 없이는 발달할 수 없으므로, 적절하고 다양한 음악활동이 제공되어야 하며, 유아가 타고난 음악 능력을 최대한 발휘하도록 하기 위해서는 개념 이해를 위한 직접적인 교육이나 노래부르기, 악기연주와 같은 음악적 표현활동보다는 감상이 기초되어야 한다(Zimmerman, 1971).

유아에게 음악감상을 위한 특정한 좋은 곡이 따로 있는 것은 아니다. 동요, 연주 음악, 성악곡, 만화영화 음악 등 다양한 장르의 음악을 활용하는 것이 적합하다. 다만 감상을 위한 음악을 선정할 때 유아의 주의집중력을 감안하여야 하고 흥미롭게 듣고 충분히 느낄 수 있는 것을 고려하여야 하며, 이와 함께 음악감상을 위한 방법적인 측면도 중요하다. 유아는 음악을 들었을 때 이에 대한 느낌과 이해에 대한 초기 반응은 신체의 움직임을 통해서 나타난다. 조용히 앉아서 듣기만 하는 것보다는 들은 느낌을 동작이나 언어 또는 그림 등으로 표현해 볼 수 있는 기회를 주는 것이 바람직하다.

2. 음악감상의 내용

1) 다양한 종류의 음악을 듣고 즐기기

영유아는 아직 음악적 선호가 발달되지 않았기 때문에 모든 음악에 호기심을 보인다. 따라서 고전음악이나 동요와 같이 한정적인 음악만을 듣는 것이 아니라 여러 시대의 음악, 여러 나라의 음악, 다양한 장르의 음악을 듣는 경험이 필요하다.

표 8-1 음악감상곡 예시

장르	감상곡명
동요	숲속을 걸어요, 연날리기, 아기 염소, 고향의 봄, 과수원길
고전음악	아이네클라이네나흐트무지크 1악장(모차르트), 사계(비발디), 천둥과 번개(요한스트라우스), 즐거운 농부(슈만), 어린이의 정경(슈만), 유모레스크(드보르작), 뻐꾹왈츠(요나슨), 왕벌의 비행(림스키코르사코프), 숭어(슈베르트), 동물의 사육제(생상스), 한여름밤의 꿈(멘델스존)
이야기가 있는 음악	피터와 늑대(프로코피에프), 마술피리(모차르트), 호두까기인형(차이코프스키), 전람회의 그림(무소르그스키), 백조의 호수(차이코프스키), 잠자는 숲속의 미녀(차이코프스키), 마법사의 제자(뒤카)
만화 주제가	인어공주의 삽입곡 under the sea, 알라딘 주제곡 A Whole New World, 라이언킹의 주제곡 Circle of life, 아기공룡 둘리, 뽀로로, 미래소년 코난, 겨울왕국 주제곡 Let it go

전통음악	아리랑, 사물놀이, 풍년가, 도라지 타령, 정선아리랑, 뱃노래, 밀양아리랑, 천안삼거리, 새타령, 늴리리야, 군밤타령, 강강수월래
세계음악	칸쵸네, 샹송, 팝송, 렘베티카, 안데스의 피리, 요들
대중음악	날아라 병아리(신해철), 산할아버지(산울림), 아빠와크레파스(배따라기), 꼬마야(김창완), 다이나마이트(BTS), 히어로(옥상달빛), 네모의 꿈(화이트), 마법의 성(더클래식)

2) 감상에 대한 느낌을 글, 그림, 신체로 표현하기

음악을 감상하고 난 후 그 느낌을 말이나 글, 그리기, 신체활동 등 다양한 방법으로 표현할 기회를 갖는다. 음악을 들으면서 몸의 움직임이나 그림으로 표현해 볼 수도 있고 음악을 듣고 난 후 느낌, 새로운 생각, 음악에 대한 흥미 등을 말이나 그림 등으로 표현할 수 있는 기회를 갖는다.

3) 바른 태도로 감상하기

음악을 감상할 때는 다른 유아를 방해하지 않고 바른 자세로 앉아 조용히 들어야 한다. 음악감상은 음악을 자신이 즐기는 것도 중요하지만 타인을 존중하고 배려해야 함을 인식하는 것도 중요하다.

3. 음악감상을 위한 교수학습방법

1) 음악감상을 위한 계획

유아기는 음악감상에 있어서 비교적 교사나 부모의 의도가 잘 받아들여지는 시기이다. 즉 어떤 음악을 제공하느냐에 따라 유아는 특별한 거부감 없이 주어지는 음악에 쉽게 빨려 들어간다. 특히 만 3~5세경 유아는 노래 부르기와 음악감상에 관심을 보이는데, 이때는 유아가 직접 지휘를 해보거나 몸을 흔들어 보는 등 자유로운 분위기에서 음악을 듣도록 허용하는 것이 좋다. 녹음된 형태의 다양한 장르의 음악도 좋지만 교사의 직접 연주해서 들려주는 음악에 유아는 더 예민하며, 미리 짜여진 감상목록보다 그날의 상황과 유아의 기분에 적합한 곡을 택하는 것이 좋다.

(1) 음악적 경험을 언어로 표현하기

유아는 자신의 감정을 언어를 사용하여 충분히 표현하기는 어렵다. 그러나 유아의 용어를 사용하여 그들의 감정을 표현할 수 있도록 돕는다.

(2) 자신의 느낌을 그림으로 그리기

음악감상을 하는 동안 느낌을 그림으로 그려보도록 하는 방법이다. 막연하게 그림을 그리게 하는 경우 유아들이 어려워할 수 있으므로 '선으로 그려보자', '점으로 그려 보자' 등으로 제안하여 표현하도록 하면 좀 더 쉽게 접근할 수 있다.

(3) 신체로 표현하기

대부분의 유아는 음악을 듣고 자신의 신체로 음악의 느낌이나 흐름을 표현하는 능력을 지니고 있다. 음악을 통해 감지한 느낌을 다양하고 적절하게 능동적으로 표현할 수 있도록 교사는 적절한 도움을 준다. 흔들기, 줄 따라 걷기, 뛰면서 표현하기 지휘해 보기 등 스카프, 공, 풍선 등의 소도구를 이용하여 신체표현을 해 보도록 할 수 있다.

(4) 그림책 활용하여 음악감상하기

유아는 발달 단계상 청각적인 감상 활동만을 통해서는 그 음악이 담고 있는 내용을 이해하기 힘들다. 그림책은 유아가 가장 많이 접하는 대표적인 시각 교육매체이며, 유아가 가진 다양한 사고와 창의적인 성향을 쉽게 표현할 수 있도록 도와 준다. 또한 구체적인 경험 없이는 새로운 경험에 자연스럽고 흥미 있게 접근할 수 있는 통합적 접근의 매체이다. 그림책을 활용한 음악감상 활동은 유아의 흥미와 호기심을 자극하고 유아로 하여금 감상곡이 담고 있는 느낌이나 내용을 쉽게 이해할 수 있게 도와줄 수 있다.

다음은 단은미, 조유나(2009)가 개발한 프로그램에서 그림동화를 만들어 음악감상과 연계활용한 예시이다.

표 8-2 그림책(이야기) 활용할 수 있는 음악감상곡 예시

번호	감상곡명	작곡가	음악 개요
1	휘파람 부는 사람과 개	프라이어	개를 데리고 산책을 나가 가벼운 마음으로 휘파람을 부는 모습을 그린 일종의 묘사음악으로 음의 높낮이와 리듬을 느낄 수 있는 곡이다.
2	즐거운 농부	슈만	리듬의 빠른 움직임과 경쾌함이 피아노 연주에 의해 쉽게 전달되는 곡이다. 4/4박자의 걸음걸이. 곡 전체가 주는 즐거움을 표제와 연계하여 연상할 수 있는 감상곡이다.
3	크시코스의 우편마차	네케	피아노 연주곡으로 음계의 상승, 하강 진행으로 우편마차의 움직임을 회화적으로 연상 가능하게 하며, 빠른 리듬의 움직임을 느낄 수 있는 곡이다.
4	닭발 위에 세워진 오두막집	무소르그스키	눈으로 보는 그림을 귀로 생생하게 느낄 수 있도록 피아노곡으로 작곡된 곡으로, 2박자의 리듬을 이해할 수 있는 곡이다.
5	사계 중 <가을>	비발디	팡파르 음악과 함께 사냥 장면을 묘사한다. 박자감에 따라 쫓기는 짐승들을 그려낸다. 현악기의 크레센도는 개들과 사냥 도구들이 내는 소음을 그려내어, 셈여림과 박자를 알 수 있는 곡이다.
6	숭어	슈베르트	피아노 4중주의 구성은 유아들에게 다양한 악기의 소리를 접하게 할 뿐 아니라, 5중주의 협주는 숭어의 민감한 움직임, 물 움직임의 시원함과 역동성을 완벽하게 묘사하였다. 경쾌함과 변화, 셈여림의 변화를 알 수 있는 곡이다.
7	작은 별	모차르트	'작은별'로 유아들에게 친숙해 있는 곡으로, 이러한 요인이 변주라는 악곡 형식을 자연스럽게 감상 가능하게 한다. 상승 및 하강하는 동적인 음계, 리듬과 선율의 명료함은 음악인지 능력을 기르는 데 효과적인 곡이다.
8	사냥꾼의 합창	베버	유아에게 합창의 미를 직접적으로 체험하게 하는 곡으로 남성 목소리의 활기참, 화성의 아름다움, 셈여림 변화 등이 잘 묘사된 곡이다. 유아들이 음색, 화성, 가락 등과 같은 음악적 요소뿐만 아니라, 표제음악인 본 곡이 묘사하고자 하는 사냥과 사냥꾼의 모습을 감상할 수 있는 곡이다.
9	피터와 늑대	프로코피예프	관현악을 위한 '교향적 동요' 작품으로, 피터와 늑대에 얽힌 옛날이 아기의 등장인물들을 서술자가 소개하고 관현악이 줄거리를 묘사하는 음악으로 다양한 악기의 소리를 경험할 수 있는 곡이다.
10	판화 중 비오는 정원	드뷔시	음의 높고 낮음. 빠름과 느림의 변화를 자유롭게 느낄 수 있는 곡이다.

출처: 단은미 · 조유나(2009)

표 8-3 음악감상곡 목록

번호	감상곡명	음악인지요소				음악표현활동	지도내용
		음높이	셈여림	음색	리듬(박자)		
1	휘파람 부는 사람과 개 -프라이어	◎			◎	박자(리듬)을 느껴보아요. -악기연주-	규칙적인 박을 느끼고 박에 맞춰 표현할 수 있다.
2	즐거운 농부 -슈만		◎		◎	점·선·모양으로 음높이, 셈여림, 리듬을 표현해요 -음악만들기-	리듬의 구성과 셈여림을 다양한 그리기 도구로 표현할 수 있다.
3	크시코스의 우편마차 -네케			◎		악기 가족 -신체표현-	다양한 종류의 소리를 듣고 분류할 수 있다.
4	닭발 위에 세워진 오두막집 -무소르그스키	◎	◎	◎	◎	타악기 연주하기(난타) -악기연주-	2박자의 리듬을 이해하여 리듬치기를 해 본다.
5	사계 중 <가을> -비발디				◎	가을을 느껴요 -신체표현-	구조적인 신체활동을 통하여 음악의 박자와 속도를 느껴본다.
6	숭어 -슈베르트	◎	◎	◎		송어가 되어보아요 -신체표현-	음악에 나오는 악기 소리를 탐색하고 악기 소리가 주는 느낌을 몸을 사용하여 다양하게 표현해 본다.
7	작은 별 -모차르트	◎	◎	◎	◎	실로폰 연주하기 -악기연주, 노래부르기-	실로폰을 이용하여 다양한 소리를 연주해 본다.
8	사냥꾼의 합창 -베버	◎	◎	◎	◎	지휘자 되어보기 -음악만들기-	리듬, 박자, 셈여림, 느낌 등에 맞춰 지휘를 해 본다.
9	피터와 늑대 -프로코피예프		◎	◎	◎	악기가 되어보아요 -신체표현-	악기 소리에 따른 음색을 구별할 수 있다.
10	판화 중 비오는 정원 -드뷔시	◎			◎	빗방울의 여행 -음악만들기-	빠르기의 변화를 느끼며 빗방울의 움직임을 공으로 표현해 본다.

출처: 단은미 · 조유나(2009).

감상곡: 프라이어의 '휘파람 부는 사람과 개'

〈표제음악 내용을 바탕으로 동화 구성〉

맑고 화창한 날씨의 어느 날입니다.
집에서 책을 보던 프라이어 아저씨는 창밖을 내다보며 이렇게 말했습니다.
"뽀삐야, 우리 공원으로 산책 나갈까?"
뽀삐는 프라이어 아저씨가 기르는 개의 이름입니다.
옆에 앉아있던 뽀삐는 멍멍 소리치며 프라이어 아저씨에게 달려왔습니다.
뽀삐도 산책 나가고 싶었나 봅니다.
프라이어 아저씨와 뽀삐는 산책을 나가기 위해 집을 나왔습니다.
"와, 날씨 정말 좋구나. 아주 멋진 날이야."
아저씨는 기분이 아주 좋아졌습니다.
"휘~!"하며 휘파람도 붑니다.
그러자 뽀삐도 기분 좋다는 듯이 꼬리를 흔들며
프라이어 아저씨를 따라갑니다.
드디어 공원에 도착했습니다.
잔디에 누워 책을 보는 사람,
엄마 아빠와 공놀이를 하는 아이들,
나무 그늘에 누어 낮잠을 자는 사람들 모두 행복한 모습들입니다.
프라이어 아저씨는 상쾌한 바람을 맞으며
공원을 걸으니 기분이 더 좋아졌답니다.
그래서 더 즐겁게 휘파람을 불었답니다.
뽀삐도 기분이 좋아 "멍멍" 하고 짖습니다.

감상곡	프라이어의 〈휘파람 부는 사람과 개〉 감상하기
활동 목표	1. 음악을 주의 깊게 듣는 태도를 익힌다. 2. 규칙적인 박을 느끼고 박에 맞춰 표현할 수 있다.
활동 자료	음악 CD, 녹음기, 동화자료. 리듬 막대, 그리기 도구 등
활 동 방 법	1. '휘파람부는 사람과 개' 동화를 듣는다. 2. 동화에 나온 등장인물과 동화 들은 느낌을 이야기 나눈다. 3. 동화 속에 나왔던 주인공을 상상하며 음악을 듣는다. 4. 음악을 들으며 프라이어 아서씨가 되어 손뼉을 치며 산책을 떠나는 모습을 상상하며 음악을 듣는다. 5. 리듬막대를 소개하고 리듬막대를 이용하여 박자를 쳐본다. 6. 음악을 들으며 다양한 방법으로 박자를 느껴보고 표현해 본다. 음악을 들으며 리듬막대를 박자를 치면서 걸어본다. 7. 활동한 느낌에 대해 이야기 나눈다.

2) 음악감상 지도 시 고려할 사항

음악감상 활동의 지도할 때 고려할 사항을 살펴보면 다음과 같다.

① 교사는 감상할 곡을 충분히 이해하고 있어야 한다.

교사는 유아에게 들려줄 곡을 완전히 파악하고 있어야 한다. 작곡자, 음악에 관련된 이야기, 음악의 분위기, 연주되는 악기 등을 충분히 파악한 후 수업을 진행한다.

② 감상할 곡은 3~4분 정도가 적합하다.

유아의 집중시간은 길지 않기 때문에 3~4분 정도의 곡이 적합하며, 반복적으로 들려주는 것이 좋다. 만약 감상할 곡이 길다면 곡의 중심 부분만 녹음해서 들려주거나 두세 번에 나누어서 들려준다.

③ 감상할 곡은 친숙한 것부터 생소한 것으로, 단순한 것부터 복잡한 것으로 선택한다.

학기 초에는 단순한 멜로디의 곡, 또는 일상생활에서 쉽게 접할 수 있었던 곡을 선택하여 점차 복잡하고 새로운 곡으로 선택한다. 또한 초기에는 대조되는 악기나 음성으로 연주된 곡을 들려주고 비교해 보도록 하는 것이 좋다.

④ 다양한 장르와 문화권의 질 좋은 음악을 제공한다.

음악감상을 위해 특정 장르나 고전음악(classical music)만을 선정할 필요는 없다. 클래식뿐만 아니라 대중가요, 만화영화 음악, 우리나라 전통음악, 그리고 여러 나라의 민속음악 등 다양한 음악을 선정한다. 유아의 흥미를 지속시키기 위해서 빠른 곡과 느린 곡, 웅장한 곡, 부드러운 곡, 경쾌한 곡 등 대비가 분명하고 멜로디가 정확하며, 명확한 박자와 리듬, 강약이 있는 곡을 선정하는 것이 좋다.

⑤ 음색이나 빠르기, 분위기 등 음악적 구성요소와 관련지어 서로 비교할 수 있는 음악을 함께 제공한다.

같은 곡을 다른 악기로 연주한 것이나 독주곡과 합주곡으로 된 것, 서양의 민요와 그 번안곡을 비교해서 들어본다. 또는 다양한 형태의 행진곡(결혼행진곡, 군대행진곡 등)이나 슬픈 분위기와 기쁜 분위기의 곡을 듣고 서로 비교할 수 있도록 한다.

⑥ 감상할 작품에 대한 이해를 돕는 그림 자료, 비디오 등 교수자료를 활용한다.

작품과 관련지어 작곡가의 생애, 음악이 만들어진 배경, 음악 속의 이야기를 그림 자료나 동화 자료로 만들어서 다루어 준다. 또한 음악을 들을 때 연주되는 악기 그림을 음악에 맞게 제시하거나, 작품의 음악적 요소를 시각화할 수 있는 교수자료나 비디오 자료를 활용한다. 예를 들어, 월트 디즈니의 '환타지아'를 들으면서 빠르기의 변화를 손가락 인형으로 움직이면서 나타내 볼 수 있고, 음악을 비디오로 형상화한 작품을 보여줄 수 있다.

⑦ 음악감상의 느낌을 동작, 그림, 말(편지)로 표현해 보게 한다.

음악을 들으면서 느낌에 따라 자연스럽게 몸을 움직여 보게 한다. 몸을 좌우로 흔들고, 손을 흔들고, 손뼉을 치고, 책상을 치고, 발을 구르면서 유아는 자연스럽게 리듬감과 박자감을 익힌다. 또한 음악을 듣고 난 후, 그림을 그리거나 말이나 글을 통해 음악에 대한 느낌과 생각을 표현하도록 한다. 음악에 대한 느낌은 단순히 "좋았어요"라는 표현보다는 "바람이 세게 부는 것 같았어요. 새가 아파서 우는 것 같았어요"와 같이 구체적으로 표현하도록 지도한다. 하지만 유아에게 강제로 음악의 느낌이나 해석을 말하도록 하는 것은 바람직하지 않다.

3) 음악감상의 일반적 지도방법

(1) 도입

① 다양한 매체를 활용하여 감상곡을 소개한다.

감상곡과 관련된 사진, 영상, 동화 등을 제시하고 이야기를 나눈다.

- 이것을 보니 무엇이 생각나니?

② 음악감상을 할 때 지켜야 할 약속을 정한다.

음악감상할 때 바른 태도로 듣고 다른 유아를 방해하지 않아야 함을 유아와 함께 이야기한다.

- 음악을 잘 들으려면 어떻게 하면 좋을까?

(2) 전개

① 감상곡을 들어본다.

② 감상곡을 듣고 난 후 음악을 들은 느낌에 대해 이야기 나눈다.

- 음악을 듣고 나니 어떤 느낌이 들었니?
- 왜 그런 느낌이 들었니?
- 이 음악을 들으니 어떤 장면이 떠오르니?

③ 음악 곡명과 작곡가에 대해 알아본다.

④ 다시 감상곡을 들어본다.

- ○○을 생각하면서 다시 한 번 들어보자.

⑤ 감상곡의 특징이나 내용을 유아 수준에 맞게 구체적으로 소개한다.

- 이 음악에 제목을 다시 붙인다면 어떤 제목이 좋을까?

⑥ 다양한 방법으로 음악을 감상하고 표현한다.

- 서로 손을 잡고 음악에 맞추어 함께 움직이며 듣는다.
- 음악의 구성 요소에 반응하며 듣는다.
- 음악을 들으면서 그 음악을 연주하는 흉내를 내면서 듣는다.

(3) 마무리

① 음악 감상을 하고 난 느낌에 대해 소감을 나눈다.

- 무엇을 표현한 음악이었니?
- 어떤 악기로 연주한 것이었니?
- 가장 기억에 남는 부분은 무엇이었니?

② 연관된 활동으로 확장한다.

4. 음악감상 활동의 실제

뻐꾹왈츠

활동목표

1. 뻐꾹왈츠 음악을 주의 깊게 듣는다.
2. 음악을 들으며 느낌을 몸으로 표현해 본다.
3. 바른 자세로 음악을 감상하는 태도를 갖는다.

준비물

요나손의 ‘뻐꾹왈츠’ 음악자료, 뻐꾸기 사진, 뻐꾸기 소리 녹음자료

활동방법

1. 도입
   ① 뻐꾸기 소리를 들려주고 이야기 나눈다.
   - 이 소리는 무슨 소리일까?
   - 이런 소리를 들어본 적이 있니? 어디에서 들어봤니?

   ② 뻐꾸기 사진을 보여주며 이야기 나눈다.
   - 이 새 이름은 뻐꾸기란다. 이 새는 어떤 소리를 낼까?

   ③ 뻐꾸기 사진을 보여주며 뻐꾸기 소리를 다시 한번 들려준다.
2. 전개
   ① 뻐꾹 왈츠 음악을 감상한다.
   ② 음악을 감상한 후 이야기를 나눈다.
   - 음악을 들으니 무엇이 생각나니?
   - 어떤 소리가 있었니?

   ③ 음악의 작곡가와 제목을 소개한다.
   ④ 다시 음악을 들으며 뻐꾸기 소리를 연주한 부분은 다양한 방법으로 표현하면서 들어본다.
   - 뻐꾸기 소리가 나는 부분을 표현해보자. 어떻게 표현해 볼까?

   ⑤ 뻐꾸기 소리가 나는 부분을 몸으로 표현하면서 다시 한번 들어본다.
3. 마무리
   ① 뻐꾹 왈츠를 감상한 느낌에 대해 이야기 나눈다.

- 뻐꾹 왈츠를 감상해 보니 어떤 느낌이 드니?
- 어떤 부분이 재미있었니?

아기공룡 둘리

활동목표

1. 만화영화 음악 '아기공룡 둘리'를 주의 깊게 듣는다.
2. 음악을 들으며 느낌을 몸으로 표현해 본다.
3. 바른 자세로 음악을 감상하는 태도를 갖는다.

준비물

'아기공룡 둘리' 동영상(노래가 나오는 부분), 아기공룡 둘리 음악 자료

활동방법

1. 도입

사전에 아기공룡 둘리 만화를 강상하는 활동을 한 후 연계하여 진행한다.

① '아기공룡 둘리' 만화 기억하며 이야기 나눈다.
- 우리가 어제 본 만화 영화 제목이 무엇이었지?
- 어떤 장면이 기어나니?
- 어떤 부분이 재미있었니?

2. 전개

① 아기공룡 둘리 음악을 감상한다.

② 음악을 감상한 후 느낌을 이야기 나눈다.
- 이 노래를 들으니 어떤 느낌이 드니?
- 어떤 부분이 재미있니?

③ 음악을 다시 한번 감상하며 음악의 느낌을 동작으로 표현해 본다.
- 둘리가 되어서 음악을 다시 들어보자.
- 둘리는 어떻게 움직였을까?

④ 자유롭게 움직임으로 표현하며 다시 음악을 감상해 본다.

3. 마무리

① 음악을 감상하고 동작으로 표현해 본 느낌을 이야기 나눈다.
- 아기공룡 둘리를 듣고 몸으로 표현해 보니 어땠니?
- 무엇이 가장 재미있었니?

꽃샘바람

활동목표

1. 동요 '꽃샘바람'을 감상한다.
2. 동요를 감상하며 아름다움과 즐거움을 느낀다.
3. 음악의 느낌을 몸으로 표현해 본다.

준비물

'꽃샘바람' 노래자료, 스카프

활동방법

1. 도입
   ① 바람에 대해 이야기한다.
   - 바람을 만나본 적이 있니?
   - 어떤 바람이었니?

   ② 꽃샘바람의 뜻을 알아보고 상상해 본다.
   - '꽃샘바람'이라는 말을 들어본 적이 있니?
   - 꽃샘바람은 어떤 바람일까? 어떻게 불까?
2. 전개
   ① '꽃샘바람' 음악을 감상한다.

   ② '꽃샘바람' 음악을 감상하고 이야기 나눈다.
   - 음악을 들어보니 어떤 느낌이 드니?
   - 어떤 부분이 기억에 남니?
   - 노래에서 어떤 노랫말이 나왔니?

   ③ 음악을 들으며 스카프를 들고 몸으로 표현해 본다.
   - 이것은 무엇일까?
   - 꽃샘 바람은 스카프를 어떻게 움직이면 좋을까?

   ④ 자유롭게 몸을 움직이며 다시 한번 음악을 들어본다.
3. 마무리
   ① '꽃샘바람'을 감상하며 몸으로 표현해 본 느낌을 이야기 나눈다.
   - 음악을 들으며 스카프를 들고 표현해 보니 어땠니?
   - 무엇이 재미있었니?

유모레스크(드보르작)

활동목표

1. 유모레스크 음악을 즐겁게 감상한다.
2. 유모레스크 음악을 듣고 느낌을 그림으로 표현해 본다.

준비물

유모레스크 피아노 연주음악자료, 도화지, 색연필, 사인펜

활동방법

1. 도입
   ① 유모레스크 음악을 듣고 이야기 나눈다.
   - 음악을 들어보니 어떤 느낌이 드니?
   - 이 음악은 드보르작이 작곡한 '유모레스크'라는 곡이란다.
2. 전개
   ① 피아노로 연주한 유모레스크 음악을 감상한다.
   - 어떤 악기로 연주한 걸까?
   - 어떤 느낌이 드니?
   ② 유모레스크 음악에 맞추어 자유롭게 발검음을 움직여 보도록 한다.
   - 음악을 들으며 자유롭게 발걸음으로 표현해 보자.
   ③ 다시 음악을 들으며 도화지에 선 그림을 그려보게 한다.
   - 유모레스크를 들으며 도화지 선으로 표현해 보자.
   ④ 유아들이 그린 그림을 소개하도록 한다.
   - 표현한 그림을 소개해 보자.
   - 왜 이런 점과 선을 그리게 되었니?
3. 마무리
   ① 음악을 감상하며 표현한 활동에 대해 이야기 나눈다.
   - 유모레스크를 감상하니 어땠니?
   - 음악을 감상하며 움직여보고 그림으로 표현해 보니 어땠니?

사계 중 가을(비발디)

활동목표

1. 즐겁게 음악을 감상한다.
2. 음악 이야기를 기억하며 음악의 느낌을 자유롭게 몸으로 표현해 본다.
3. 신체활동을 통하여 음악의 박자와 속도를 느껴본다.

준비물

음악 CD, 녹음기, 음악동화 그림 자료, 색 테이프, 가을 열매 사진자료 등

활동방법

1. 도입
   ① '가을을 느껴요' 동화를 듣고 이야기 나눈다.
   ② 음악 감상 듣는다.
      - 조용히 눈을 감고 음악을 들어보자.
      - 어떤 장면이 떠오르니?
      - 동화 속 장면에서는 어떤 장면이 생각나니?
2. 전개
   ① 음악 동화를 떠올리며 음악 다시 들어본다.
      - 음악을 들으면서 자신의 생각을 몸으로 표현해 보자.
      - 우리 몸 말고 다른 것을 이용해서 표현해 본다.
   ② 열매를 들고 나무 주위를 둥글게 스키핑하면서 돌며 수확의 기쁨을 느껴본다.
      - 농부 아저씨처럼 우리도 기쁨을 몸으로 표현해 보자.
      - 열매를 따니 기분이 어떠니?
   ③ 음악을 들르며 음악의 느낌대로 자유롭게 움직여본다.
3. 마무리
   ① 활동한 느낌에 대해 이야기 나눈다.
      - 음악을 듣고 느낌을 표현해 보니 어땠니?
      - 무엇이 가장 재미있었니?

〈참고〉

① 활동 전 유아와 가을 열매 그리기 및 만들기를 하여 유아의 그림 또는 열매를 나무 열매에 놓아 활동해본다.

밀양아리랑

활동목표

1. 밀양아리랑 음악을 감상한다.
2. 우리 가락의 아름다움을 한삼으로 표현해 본다.
3. 바른 자세로 음악을 감상한다.

준비물

아리랑 음악자료, 밀양아리랑 음악자료, 한삼

활동방법

1. 도입
   ① 아리랑에 대해 이야기 나눈다.
   - 아리랑 음악을 들어본 적이 있니?
   - 어디서 들어보았니?

   ② 아리랑 음악을 듣고 이야기 나눈다.
   - 음악을 들어보니 어떤 느낌이 드니?
2. 전개
   ① '밀양아리랑'을 감상한다.
   ② '밀양아리랑을 듣고 난 후 느낌을 이야기 나눈다.
   - 이 음악을 들어보니 어떤 느낌이 드니?
   - 아리랑 음악과 어떻게 다른 것 같니?

   ③ 음악의 제목과 전설에 대해 소개한다.
   ④ 한삼을 이용하여 느낌을 표현하면서 음악을 다시 듣는다.
   - 이것의 이름이 무엇일까?
   - 한삼을 손에 끼고 음악에 맞춰 움직여 보자.

   ⑤ 음악을 다시 한번 들어본다.
3. 마무리
   ① 밀양아리랑을 감상하고 표현해 본 느낌을 이야기 나눈다.
   - 음악을 들으며 한삼을 끼고 움직여 보니 느낌이 어떠니?
   - 무엇이 재미있었니?

사물놀이

활동목표

1. 우리나라 전통음악을 듣고 즐긴다.
2. 전통음악을 연주하는 데 사용되는 우리나라 전통악기에 친숙해진다.

준비물

음악 녹음테이프(전통악기 소리, 사물놀이 연주 음악), 전통악기, 사물놀이에 관련된 책이나 그림자료, 실물자료, 사물놀이 동영상

활동방법

1. 도입
   ① 그림자료나 실물 악기를 보면서 이야기 나눈다.
   - 이런 악기를 본 적이 있니?
   - 어디에서 보았니?
   - 무엇으로 만들었을까?

   ② 악기의 형태를 탐색하고 악기의 이름을 알아본다.
   - 이 악기는 어떤 소리가 날까?
   - 이 악기의 이름은 꽹과리란다.
2. 전개
   ① 음악을 들으며 각각의 악기 소리를 찾아본다.
   - 이 소리는 어떤 악기에서 나는 소리일까?

   ② 사물놀이 연주곡을 감상한다.
   - 음악을 들으니 어떤 느낌이 드니?
   - 어떤 악기로 연주한 것일까?

   ③ 사물놀이 동영상을 보며 연주곡을 감상한다.
   ④ 자유롭게 몸을 움직이며 사물놀이 연주곡을 다시 감상한다.
3. 마무리
   ① 사물놀이 음악을 감상한 소감에 대해 이야기 나눈다.
   - 사물놀이 음악을 들으니 어땠니?
   - 다른 음악과 어떻게 다르니?
   - 음악을 감상하며 움직여보니 어땠니?

09 Chapter

노래부르기

1. 노래부르기의 중요성

대부분의 유아들은 자발적으로 노래하기를 좋아한다. 놀이 시간에도 혼자서 노래를 흥얼거리거나 다른 사람이 노래하는 것을 즐겨 들으며 따라하기도 한다. 유아들은 점차적으로 노래를 듣고, 노래를 부르는 것이 즐거운 일이며, 부르는 사람이나 듣는 사람에게 만족감을 준다는 것을 알게 된다(안재신, 2004). 이처럼 노래부르기는 일상생활에서 가장 쉽게 경험할 수 있는 음악활동으로서 유아음악교육의 내용 영역에서 가장 일반적이고 보편적으로 접하게 되는 음악활동이다. 또한 노래를 부르는 것은 교사와 유아가 선호하여 즐겨하는 음악활동으로, 유아가 음악을 경험하고 학습하는 데 가장 쉽고 직접적인 방법이다. 즉, 노래를 부르는 것은 유아가 가장 기본적으로 경험하는 것이며, 이는 음악교육에 있어서도 기본이 되는 교육내용이자 방법이라고 볼 수 있다.

노래부르기는 유아들이 즐기는 가장 일반적인 음악활동이지만 노래에 맞게 소리를 내어 부르기 위해서는 적합한 지도가 필요하다. 노래부르기 지도는 유아들에게 음악적 발달 외에도 직·간접적으로 전인적 발달에 도움을 준다. 다양한 음악적 요소를 경험하며 표현해 볼 수 있는 경험을 하게 되고 노랫말과 멜로디를 기억하는 것이 인지발달에 도움을 준다. 또한 노래를 통해 생각과 느낌을 표현할 수 있으며 언어능력이나 창의성 발달의 기회를 갖게 된다. 다른 유아들과 함께 노래해 보는 경험은 협동심과 사회성 발달에 도움이 된다.

유아를 위한 노래부르기 활동은 한 번 앉은 자세에서 너무 오랫동안 지속하는 것을 피하고 감상하기, 동작으로 표현하기, 악기다루기 등과 연계하여 통합적 경험으로 제공되는 것이 바람직하다.

2. 노래부르기의 내용

유아는 노래를 부르는 것을 좋아하고, 음높이, 셈여림, 음의 장단, 음색을 구별할 수 있게 되면서 어휘와 기억력도 발달해 처음부터 끝까지 부를 수 있다. 또한 스스로 신체를 조절하고 정확하게 움직이는 것이 가능해져 노래를 부르며 동시에 신체를 활용하여 동작하는 것과 같은 여러 활동과의 동시 작업이 가능해진다.

노래부르기 지도에서 다루어야 할 내용은 다음과 같다.

1) 즐겁게 노래부르기

유아는 연령이 높아지면서 음역이 넓어지게 되고 멜로디와 리듬을 지키면서 음정에 맞춰 정확하게 노래를 부를 수 있게 되며, 좋아하는 노래를 갖게 된다. 유아가 노래를 좋아하고 즐겨 부를 수 있도록 하기 위해서는 유아의 일반적인 특성을 이해하고 활동을 준비하여 이끌어가는 것이 필요하다. 유아기는 음악에 대해 친숙함과 즐거움을 느끼도록 하는 것이 중요하므로 너무 형식이 복잡하거나 어려운 노래는 적합하지 않다. 유아의 수준에 적합한 형식과 가사로 이루어진 곡을 반복적으로 접하게 하여 유아가 노래를 좋아하고 부르기를 즐길 수 있도록 한다.

2) 바른 태도로 노래부르기

노래부르기는 유아가 편안한 자세로 부르는 것이 가장 좋다. 유아교육기관에서 노래를 지도할 때는 바람직한 노래부르기 자세를 안내하고 지도하는 것이 좋다. 먼저 교사는 유아들이 허리와 어깨를 반듯하게 펴고 바른 자세로 앉거나 서서 앞을 보고, 입을 적당한 크기로(너무 크지도, 너무 작지도 않도록) 벌려 노래하며, 맑고 고운 소리를 낼 수 있도록 지도한다. 또한 유아가 정확한 입 모양으로 단어를 분명히 발음할 수 있도록 하며, 노래를 부르는 동안 노래에 담겨진 느낌을 이해하고 잘 살려서 부를 수 있도록 지도한다.

3. 노래부르기를 위한 교수학습방법

1) 노래부르기 지도를 위한 계획

유아가 노래를 부른다는 것은 단순히 습관적인 행위가 아니라, 노래를 부름으로써 음악의 아름다움을 경험하고 유아의 잠재적인 음악성을 발현해 내는 중요한 활동이기 때문에 노래부르기를 위한 교사의 지도는 매우 중요하다.

(1) 발달 특성을 고려한 노래부르기

유아가 노래부르기를 배우는 것은 언어를 배우는 것과 마찬가지로 태어나면서부터 시작되는 긴 과정이라고 할 수 있다. 즉 유아의 노래는 우는 것이나 옹알거리는 것을 포함하여 다양한 고저, 강도의 소리를 내는 것으로부터 시작된다. 또한 다른 유아의 노랫소리에 귀를 기울이면서 유아의 노래부르기 발달이 본격적으로 시작된다고 볼 수 있다.

노래부르기 발달을 살펴보면 다음과 같다.

① 초기 발성기(출생~3개월)

이 단계에서 내는 목소리는 훗날의 언어 구사뿐만 아니라 모든 가창 능력의 기초가 된다. 울음, 쿠잉 등은 다양한 높낮이, 음색, 리듬형식, 크기 면에서 음악적인 것이며, 생후 불과 몇 주 되지 않아서 영아는 이러한 소리들을 조절할 수 있게 된다. 따라서 이 시기에는 누르면 소리가 나는 모빌이나 딸랑이 등이 음악자료로 활용될 수 있으며, 스스로 쿠잉을 시작함으로써 소리놀이를 즐기게 된다. 이 시기 유아를 돌보는 사람은 높낮이가 곁들여진 많은 음절들을 들려줌으로써 소리 내보는 활동을 자극해야 한다(김영연, 2016).

② 목소리 실험과 소리 모방하기(3개월~1년 6개월)

3~4개월경 언어적인 옹알이가 시작되고 6~9개월 무렵에 다양한 높낮이로 말소리를 내는 음악적 옹알이가 나타난다. 12~15개월이 되면서 유아는 재잘거리는 말투로 노래를 부르게 되고, 1년 6개월이 되면 노래할 준비를 갖추게 된다. 따라서 이 시기는 노래의 원시적 형태라 할 수 있는 라임(rhyme, 운율 예 도리도리)이나 찬트(chant, 간단한 리듬꼴의 2~3음을 반복하는 읊조림에 가까운 노래. 예 아침바람), 간단한 전래동요 활동이 가능하다. 또한 다양한 소리의 변화를 식별하고 간단한 음절어를 모방하는 시기이므로 유아가 직접 다양한 소리를 내보고 들려주는 활동이 적합하다.

③ 대략적으로 노래부르기(1년 6개월~3년)

이 시기는 유아의 가창능력 발달에 매우 중요한 시기로, 더듬더듬하던 노래들을 제법 정확한 리듬을 갖고 부르게 된다. 약 2세 정도의 유아는 자신의 경험과 어른들의 도움으로 주위에서 들은 노래들을 배우기 시작한다. 특히 이 시기는 노래를 듣고 부르는 충분한 경험이 중요하므로 다양한 형태의 노래를 들려주고 불러볼 수 있는 기회를 제공한다.

④ 안정된 범위 내에서 정확하게 부르기(3~4년)

이 시기는 비교적 제한된 음역의 노래, 즉 몇 개의 음으로만 이루어진 멜로디의 노래를 부를 수 있다. 그린버그(Greenberg, 1979)에 의하면 약 3세가 되면 대부분의 유아가 훈련을 통해 레(D)에서 솔(G)까지의 제한된 범위 내의 곡조를 부를 수 있다. 이 시기부터는 동서양의 다양한 노래를 소개할 필요가 있으며, 가능한 한 많은 노래를 들려주고 불러볼 수 있는 기회를 많이 제공한다.

⑤ 좀 더 넓은 범위 내에서 정확하게 노래부르기(4년 이상)

이 시기는 노래의 음악적인 측면을 표현하거나 노래의 강약과 속도에 주의해 가면서 노래부르기를 시작하는 단계이다. 또한 5세가 되면서 유아는 자신을 음악적으로 표현하는 일차적인 수단으로써 목소리를 사용하는 데 능숙해진다. 표현의 정확성이 향상되고 여러 활동의 동시 작업도 가능하므로 노래 부르면서 동작으로 표현하기 활동 등을 제공한다. 이 시기에도 음역에 알맞은 다양한 노래를 경험해야 하는데, 만 5세 이상이 되면 음역이 다소 넓은 노래의 지도도 가능하다.

(2) 노래 선정하기

노래 부르기 활동에 있어 중요한 것은 적절한 노래를 선정하는 것으로 다음과 같이 노래의 음역과 소재, 음악적 구성을 고려한다.

① 유아가 가장 편안하게 노래할 수 있는 음역의 노래를 선택한다.

유아의 음악 발달 특성을 고려하여 곡을 선정할 때 유아가 편안하게 노래를 익히고 부를 수 있다. 가사는 유아기 동안의 경험을 이야기하는 것과, 아름다운 노랫말이 좋으며 음률적 반복이 많고 단순한 내용으로 유아에게 만족감을 줄 수 있는 것을 선택한다. 유아의 음역은 연령과 거의 비례하여 넓어지지만, 유아마다 개인차가 심하다. 그러므로 유아가 가장 편한 음역으로 노래할 수 있게 하는 음역대의 노래를 선택하는 것이 좋다.

② 유아에게 친숙한 소재를 내용으로 한 노래를 선택한다.

유아를 위한 노래는 복잡한 내용보다는 단순한 내용으로서 유아가 이해할 수 있고 실감할 수 있는 내용이어야 하고, 문학적 가치가 있는 것으로 유아의 일상생활과 관련된 것이어야 한다. 또한 유아교육기관은 생활주제를 중심으로 일과를 운영하고 있으므로 생활주제에 맞는 노래를 불러보도록 한다.

㉠ 이야기가 있는 노래, 극화할 수 있는 노래(예 암탉을 잡으려다, 숲 속 작은 집 창가에)

㉡ 자기 자신과 관련된 노래, 특히 자신의 이름을 넣어 부를 수 있는 노래(예 복남이를 보았니?, 당신은 누구십니까?)

㉢ 유아의 친근한 일상을 다루고 있는 노래(예 식사와 관련된 노래, 잠자러 가는 노래, 깨어나는 노래, 이 닦는 노래 등)

㉣ 가족이나 친구에 관한 노래, 생일과 관련된 노래(예 꼭꼭 약속해, 누구일까요, 생일노래)

㉤ 지시가 있는 움직임을 유도하는 노래(예 그대로 멈춰라, 호키포키)

㉥ 손유희를 할 수 있는 노래(예 통통통, 밀림으로)

㉦ 생활주제와 관련된 노래

③ 멜로디나 노랫말에 반복이 있는 노래를 선택한다.

유아 노래는 노랫말과 멜로디가 반복된 노래일 때 쉽고 즐겁게 따라 부를 수 있게 된다. 유아들은 반복되는 단어가 있는 노래, 멜로디의 반복이 있는 노래, 그리고 '당신은 누구십니까?'와 같이 주고받는 에코 형식의 노래(echo song)를 즐겨 부른다.

2) 노래부르기 교수학습방법

(1) 교사가 노래를 완전히 익히고 준비한다

새 노래를 지도할 때는 교사의 철저한 사전준비가 필요하다. 교사는 가사와 음을 정확하게 외우고, 즐겁고 감정표현이 풍부하게 노래부를 수 있도록 노래를 충분히 익힌다. 또한 노래부르기 활동을 할 때 교사의 분위기는 매우 중요한데, 준비를 철저하게 할수록 자신감 있고 여유 있게 편안하고 즐거운 노래부르기 활동을 유도할 수 있다.

(2) 적합한 노래 지도방법을 사용한다

노래를 지도할 때는 그 곡에 흥미를 가지도록 동기를 부여하고, 노래에 관련된 자료나 동화 등을 소개해 유아의 사전 경험과 연관을 시킨다. 노래를 따라 할 때는 한 소절씩 떼어 가르치면 노래의 전체 분위기를 느낄 수 없어 유아들이 싫증을 내므로 전체 곡을 반복해 들려준 후 따라 하게 하는 방법이 주로 쓰인다. 교사는 부드러운 목소리와 정확한 발음으로 유아에게 들려주고 곡을 완전히 알게 되기 전까지는 단순한 가락 반주로 연습한다.

새 노래를 익힌 후에는 다양한 음색으로 반주를 곁들이거나 리듬악기, 가락악기를 차차 첨가시키기도 하고, 의성어나 휘파람, 또는 손장단으로 불러보게 하는 것은 유아의 즉흥연주를 돕는 방법이 될 수 있다. 그리고 교사는 수시로 유아가 음악 행위를 즐거워하는지 표정과 반응을 살펴야 한다.

노래 지도방법에는 전체노래부르기 방법(whole－song method)과 부분 노래부르기 방법(phrase－phrase method), 결합노래부르기 방법(combination whole－song, phrase－by phrase method)이 있다.

① **전체노래부르기 방법**(whole－song method)

유아가 노래의 흐름을 전체적으로 이해하도록 노래를 끊지 않고 처음부터 끝까지 듣고 불러보면서 익히도록 하는 것이다.

② **부분노래부르기 방법**(phrase－phrase method)

한 마디나 두 마디씩 끊어서 따로 불러보게 하는 방법이다. 예를 들면, '곰 세 마리' 노래를 배울 때 전체 노래부르기 지도법은 교사가 노래를 처음부터 끝까지 불러서 들려 준 후에 다시 멜로디로 전곡을 들려주고, '랄랄라'로 노래의 처음부터 끝까지 불러 보고, 노랫말을 선생님과 나누어 전 곡을 부르는 것이다. 역할을 바꾸어서 부를 때도 처음부터 끝까지 전 곡을 부르며 마지막으로 다함께 전 곡을 다시 부르는 것이다. 즉, 여러 번 반복하지만 그 노래는 처음부터 끝까지를 반복하게 되는 것이다.

부분노래부르기 방법은 선생님 이 "곰 세 마리가" 부분을 부르면 유아들이 "곰 세 마리가" 부분을 따라 부르고, 선생님이 "한 집에 있어" 부분을 부르면 유아도 그 부분을 따라 부르는 것을 의미한다.

③ **결합노래부르기 방법**(combination whole－song, phrase－by phrase method)

전체 노래방법으로 하되, 어려운 부분은 따로 떼어서 부분노래부르기 방법을 사용하는 것이다. 유아의 노래는 대부분 짧기 때문에 '전체노래부르기 방법'과 '결합노래부르기 방법'을 사용하는 것이 적절하다 (김혜경, 1996; Eliason & Jenkins, 2003).

(3) 노래 지도를 위한 적합한 환경과 매체를 선택한다

교사는 음정과 리듬, 노래, 말을 정확하게 전달하기 위해 효과적인 매체를 준비한다. 유아가 노래에 흥미를 갖도록 하기 위해 인형이나 그림카드 수수께끼 등을 이용할 수 있다. 기본적인 음악적 요소에 대한 이해를 돕기 위해 기호 나 그림 자료 상징 등 시각적 이미지를 이용하여 그림 악보를 제작하거나 노랫말을 안내하기 위한 노래 가사판을 제작한다. 노랫말 가사판은 유아의 흥미를 유발할 수 있도록 매력적으로 제작하여 음률 영역에 배치해 준다. 이때 노랫말은 글자 대신 그림으로 표현하는 것이 바람직하며 연령을 고려하여 글자와 그림을 적절히 사용하여 제작한다.

노래 지도를 할 때는 주위에 소음을 최대한 줄여서 잡음이 없는 상태에서 진행하는 것이 좋다. 그리고 시간 내 여유를 갖고 편안한 환경에서 노래부르기를 즐길 수 있도록 한다.

(4) 다양한 후속활동과 연관될 때 더 효과적이다

① 유아들이 부른 노래를 녹음하여 들려준다.

유아들이 부른 노래를 녹음하여 들려주는 것은 노래부르기에 대한 반성적인 평가의 방법이며 유아의 자신감과 성취감을 높일 수 있다. 녹음한 노래를 들을 때는 모든 유아가 노래부르기에 참여하고 있는지, 음의 높낮이가 안정되어 있는지, 교사와 유아의 목소리, 유아들 간의 목소리에 균형이 있는지를 유의해서 듣는다. 또한 녹음한 자료를 집에 가져가서 부모들과 함께 듣고 함께 노래를 불러 볼 수 있게 한다.

② 노랫말을 바꾸어 불러본다.

노랫말을 바꾸어 불러봄으로써 유아의 창의적인 사고를 기를 수 있다. 노랫말 바꾸어 부를 때는 처음에는 한두 소절이나 후렴 부분만 하다가 점차 폭을 넓혀 나가서 노랫말 전체를 바꾸어 부른다. 노래가사를 바꿀 때는 무엇보다도 노래의 전체적인 맥락을 고려하도록 유의한다. 개사한 노래가사를 묶어서 책으로 만들어 볼 수도 있다.

③ 악기연주나 신체표현을 하면서 불러본다.

노래를 완전히 익힌 다음에는 노랫말의 느낌이나 내용을 신체로 표현해 보거나 악기를 연주하면서 노래를 불러 볼 수 있다.

④ 노래의 내용이나 멜로디를 이용해서 동극, 음악극 등 종합 극놀이 활동을 해본다.

노래 속 이야기를 동극으로 해 보거나, 등장인물이나 상황에 맞는 노래를 선택해서 개사하여 동화를 음악극으로 꾸며볼 수 있다.

3) 노래부르기 지도 시 고려할 사항

① 교사는 즐거운 마음으로 유아의 얼굴을 보면서 지도한다.

노래부르기는 유아와 눈을 마주하고 노래할 때 가장 효과적이다. 교사가 즐거운 마음으로 유아의 눈을 보면서 노래할 때 그 노래에 느낌과 분위기를 효과적으로 전달할 수 있다.

② 일과 중에 노래를 자주 들려 주어 익숙하도록 한다.

노래부르기에 즐겁게 참여하려면 노래가 낯설지 않을 때 더 효과적이다. 따라서 지도하고자 하는 노래를 일과 중에 자연스럽게 듣고 익숙해질 수 있도록 자주 들려준다. 노래의 내용이 어렵거나 긴 노래를 지도하는 것은 유아들을 지루하게 만들고 노래부르기를 거부하게 만든다. 발달에 적합한 곡 선정과 지도를 위한 단계적 교수학습방법이 적용되어야 한다.

③ 노래부르기를 통해 다양한 음악활동을 자연스럽게 경험할 수 있도록 한다.

유아가 단순히 노래를 부르는 경험만으로 끝나는 것이 아니라 악기 다루기 신체표현 음악감상 등 다양한 음악활동과 연계하여 자연스럽게 음악 구성요소를 경험할 수 있도록 한다.

④ 유아에게 노래부르기를 강요하지 않는다.

대부분의 유아들은 노래부르기를 좋아한다. 하지만 개인에 따라 노래를 부르고 싶지 않을 때도 있고, 새 노래를 배우는 데 시간이 많이 필요한 유아도 있다. 교사는 무조건 노래 부르도록 강요하거나 큰 소리로 부르도록 강요하는 것은 적합하지 않다.

⑤ 교사는 노래부르기의 모델이 되어야 한다.

유아는 노래부르기를 할 때 주변 환경의 영향을 많이 받으므로 부모나 교사는 평소에 정확한 발음과 발성으로 즐겁게 노래부르는 모습을 자주 볼 수 있어야 한다. 교사는 정확한 발음으로 리듬과 박자를 지키면서 노래의 느낌을 충분히 살려서 노래를 들려주는 것이 효과적이다.

4) 새 노래부르기의 일반적 지도방법

(1) 도입(동기 유발)

① 다양한 방법으로 유아의 흥미를 이끈다.

이미 익숙한 노래를 불러보거나 노랫말을 동화나 짧은 이야기로 들려주거나 수수께끼, 손인형을 활용한 내러티브와 같은 방법을 사용한다. 예를 들어, "오늘 배울 새 노래에는 이 동물이 나올 거야. 어떤 동물인지 맞추어 보자. 나는요 귀가 커요……" 등으로 수수께끼를 낼 수 있다. 또는 노래에 이야기가 들어 있는 경우 짧은 이야기나 동화로 각색하여 들려준다. 그림 자료를 사용해서 들려주고, 노래를 들려주거나 함께 부르면서 배울 때 그림 자료를 다시 활용하면 효과적이다.

(2) 전개

① 교사가 노래를 전체적으로 불러준다.

노래가 가지고 있는 본래의 분위기를 살려서 정확하게 들려준다. 노래를 들려줄 때는 교사의 육성으로 자신감 있게 불러주며, 반주를 하지 않고 노래만 들려주는 것도 좋다. 한번 들려주고 난 후 노랫말에 대해서나 또는 어떤 느낌인지에 대해 간단히 이야기를 나눈 후 다시 한번 들려준다.

- 노래를 들어보니 어떠니?

- 노래 중에 기억에 남는 것은 무엇이니?

② 유아가 멜로디에 집중에서 들어볼 수 있도록 멜로디를 들려준다.

이때 반주 없이 멜로디만 들려주는 것이 좋다.

③ 유아에게 노래를 부분적으로 불러보게 한다.

처음에는 노랫말 없이 '라' 또는 '아' 소리로 불러보게 하여 멜로디를 익히게 한다.

다음으로 부분적으로 노랫말을 넣어 부르게 하는데, 의성어 부분만 불러보게 하거나 묻고 대답하는 노래의 경우에는 대답(또는 묻는) 부분만 부른 후 바꾸어 부르거나 하는 식이 적절하다.

④ 유아에게 노래 전체를 불러보도록 한다.

노랫말을 넣어서 처음부터 끝까지 노래를 불러보게 한다. 3~5번 이상 부르게 하지 않으며, 다양한 방법으로 불러보게 한다.

새 노래부르기 활동은 모든 유아가 그 시간에 노래를 다 익히도록 하는 것을 목표로 해서는 안 된다. 미리 알고 있는 유아의 경우를 제외하고는 새 노래부르기 활동 시간에 노래를 다 익히는 것은 어려운 일이므로 추후로 자주 불러볼 수 있는 기회를 제공하여 자연스럽게 익히도록 하는 것이 적절하다.

⑤ 여러 번 반복하여 노래를 불러본다.

(3) 평가 및 마무리

- 노래에 대한 느낌과 생각을 이야기 나눈다.
  - 노랫말 중에 제일 재미있었던 부분은 어디니?
  - 따라 부르기 어려웠던 곳은 어디니?
- 확장활동을 함께 계획하거나 제안한다.

4. 노래부르기 활동의 실제

건너가는 길

활동목표

1. 건너가는 길 노래를 즐겁게 부를 수 있다.
2. 노래를 통해 길을 안전하게 건너는 방법을 안다.

준비물

유아가 횡단보도를 뛰어가는 그림, 신호등 그림, 노래 그림악보

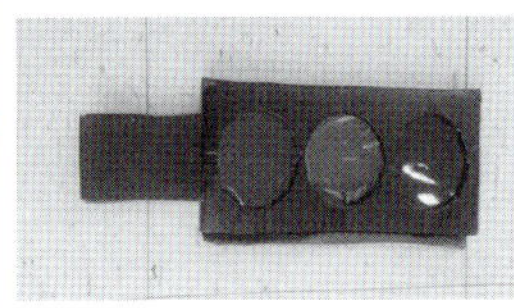

건너가는 길

김성균 작사 / 작곡

건너가는 길을 건널 땐
빨간 불 안 돼요. ✖ 노란 불 안 돼요. ✖
초록 불이 돼야죠. O
신호등이 없는 길에선
달려도 안 돼요. ✖ 뛰어도 안 돼요. ✖
손을 들고 가야죠. O

활동방법

1. 도입

① 신호등에 대한 경험을 이야기해 본다.

- 신호등을 본 적이 있니?
- 어디에서 보았니?

② 횡단보도를 지나가는 유아와 도로를 뛰어다니는 유아의 그림을 보며, 횡단보도의 필요성에 대해 이야기를 나눈다.

- 이렇게 횡단보도를 마구 뛰어가면 어떻게 될까?

2. 전개

① 그림자료를 보여주며 노랫말의 내용을 들려준다.

- 안전하게 길을 건너는 방법에 대한 노래가 있단다.
- 노랫말을 알아볼까?

② 전체적인 노래를 교사가 불러준다.

- 선생님이 노래를 불러볼 테니 잘 들어보자.

③ 허밍으로 노래를 따라 부른다.

- 피아노 소리에 맞춰 한 가지 소리로 불러보자. 어떤 소리로 불러볼까?
- 그래, 랄랄라 소리로 불러보자.

④ 교사가 2소절씩 노래를 부르고 유아들이 2마디씩 따라 부른다.

- 가사를 넣어서 선생님을 따라 불러볼까?

⑤ 유아들과 함께 반주에 맞추어 노래를 부른다.

- 자, 이제 그림 악보를 보고 노랫말을 넣어 전체 노래를 불러보자.

3. 마무리

① 노래를 배운 활동에 대해 평가한다.

- 이 노래를 부르고 나서 알게 된 것을 무엇이니?
- 안전하게 길을 건너려면 어떻게 해야 할까?

② 오늘 배운 노래를 잘 생각하면서 길을 건널 때 조심해서 건너기로 약속한다.

그냥 두고 나갔더니

활동목표

1. 리듬을 치며 노래를 즐겁게 부를 수 있다.
2. 노래를 통해 정리정돈의 필요성 안다.

준비물

노래 가사판, 음원과 플레이어, 피아노 또는 멜로디언

그냥 두고 나갔더니

김성균 작사/작곡

1. 장난감을 갖고 놀다가 그냥 두고 밖에 나갔죠
한참 놀다 들어와 보니 장난감이 울며 하는 말

나를 바닥에 그냥 두고 나갔기 때문에
지나가는 사람이 나를 뻥 찼단 말이야
(후렴) 또 그러면 안 돼 또 그러면 안 돼 또 그러면 난 싫어

2. 그림책을 꺼내 보다가 그냥 두고 밖에 나갔죠
한참 놀다 들어와 보니 그림책이 울며 하는 말

나를 바닥에 그냥 두고 나갔기 때문에
지나가는 사람이 나를 꽉 밟았단 말이야
(후렴) 또 그러면 안 돼 또 그러면 안 돼 또 그러면 난 싫어

활동방법

1. 도입
   ① 자유활동을 한 후 모여서 자리에 앉아 교실 환경에 대해서 이야기한다.
   - 우리 교실에는 무엇이 있니?

   ② 장난감의 정리정돈 필요성에 대해 이야기한다.
   - 놀잇감이 제자리에 놓여 있으면 무엇이 좋을까?
   - 놀잇감이 제자리에 없으면 무엇이 불편할까?
2. 전개
   ① '그냥 두고 나갔더니' 노래를 들어본다.
   - 이 노래의 제목은 '그냥 두고 나갔더니' 란다.
   - 어떤 노랫말이 생각나니?

② 한 가지 소리로 따라 불러본다.

- 어떤 소리로 노래를 불러볼까?
- ○○이가 말한 대로 아. . . 소리로 불러볼까?

③ 가사를 붙여 노래를 불러본다.

- 노랫말을 넣어서 불러보자.
- 어려운 부분이 있었니? 그 부분만 다시 불러볼까?

④ 리듬을 치며 노래를 불러본다.

- 손뼉을 치면서 노래를 불러보자. 어떻게 리듬을 쳐볼까?
- ○○이가 한 리듬대로 손뼉을 치면서 다같이 불러볼까?

3. 마무리

① 리듬에 맞춰 손뼉을 치며 노래를 불러본 느낌에 대해 이야기한다.

- 손뼉치며 노래를 불러보니 어땠니?
- 놀잇감을 다 놀고 나면 어떻게 해야 할까?

확장활동

노래에 적합한 손유희 활동을 해 본다.

코끼리와 거미줄

활동목표

1. 노래를 익히고 즐겁게 부를 수 있다.
2. 가사를 바꾸어서 노래를 불러본다.
3. 노래를 통해 하나에서 열까지의 숫자를 안다.

준비물

노래가사판, 숫자판, 음원과 플레이어 또는 건반

코끼리와 거미줄

1 한 마리 코끼리가 거미줄에 걸렸네 / 신나게 그네를 탔다네
너무너무 재미가 좋아좋아 랄랄랄 / 다른 친구 코끼리를 불렀네

2 두 마리 코끼리가 거미줄에 걸렸네 / 신나게 그네를 탔다네
너무너무 재미가 좋아좋아 랄랄랄 / 다른 친구 코끼리를 불렀네

3 세 마리 코끼리가 거미줄에 걸렸네 / 신나게 그네를 탔다네
너무너무 재미가 좋아좋아 랄랄랄 / 다른 친구 코끼리를 불렀네

4 네 마리 코끼리가 거미줄에 걸렸네 / 신나게 그네를 탔다네
너무너무 재미가 좋아좋아 랄랄랄 / 다른 친구 코끼리를 불렀네

5 다섯 마리 코끼리가 거미줄에 걸렸네 / 신나게 그네를 탔다네
너무 많은 코끼리가 올라탔네 랄랄랄 / 그만 그만 툭 하고 끊어졌대요

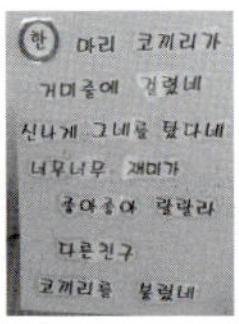

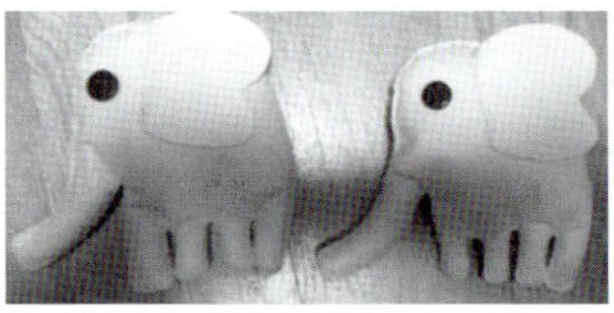

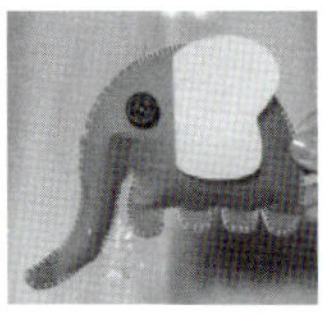

활동방법

1. 도입

① 코끼리와 거미를 직접 본 경험을 말해 본다.

- 코끼리와 거미를 본 적이 있니?
- 어디에서 보았니?
- 코끼리와 거미가 즐겁게 놀이하고 있는 노래를 들어보자.

2. 전개

① 노래를 들어본다.
- 노래를 들어 보니 어떠니?
- 무엇이 재미있니?
- 이 노래의 제목을 '코끼리와 거미줄'이란다.

② 한 가지 소리로 부르며 리듬과 음을 익힌다.
- 어떤 소리로 불러볼까?
- 피아노 소리에 맞춰 한 가지 소리로 불러보자.
- 또 어떤 소리로 불러볼까?

③ 노랫말을 넣어서 여러 번 불러본다.
- 노랫말을 넣어서 불러보자.

④ 2절, 3절을 불러본다.
- 코끼리 한 마리가 거미줄 그네를 탔는데 너무 재미있어서 다른 친구 코끼리를 불렀네요. 그럼 코끼리는 모두 몇 마리일까요?

⑤ 노랫말에 친구 이름을 넣어서 노래를 불러본다.
- 코끼리 대신 친구 이름을 넣어서 불러보자.
- 선생님이 먼저 불러볼게.

3. 마무리

① 활동에 대한 평가를 한다.
- 코끼리와 거미줄 노래를 불러보니 어떤 느낌이 들었니?
- 가사 중에 재밌었던 부분은 어디였니?
- 힘들었던 부분은 있었니?

확장활동

1. 팀으로 나누어서 리듬을 정하고 리듬치기를 하며 노래를 불러본다.
2. 돌림 노래로 노래를 불러본다.

거미

활동목표

1. 동요를 즐겁게 부를 수 있다.
2. 노래를 통해 날씨에 따라 거미집이 어떻게 다른지 알 수 있다.

준비물

거미 모양 교구, 가사판, 음원과 플레이어 또는 건반

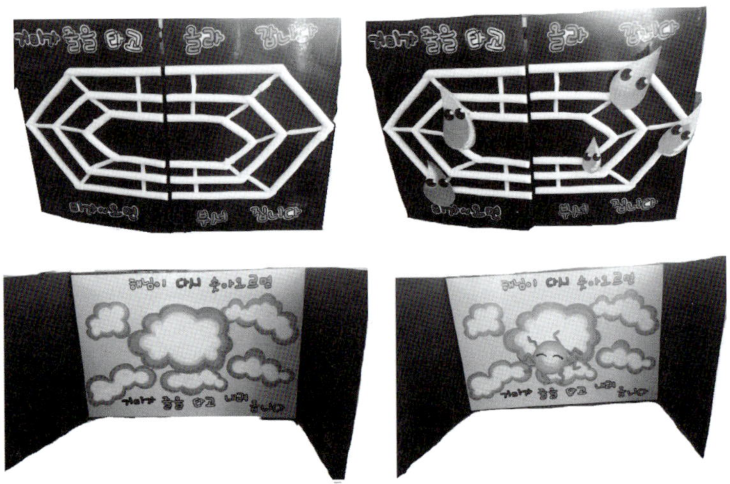

거미

윤석중 작사 / 외국 곡

거미가 줄을 타고 올라갑니다
비가 오면 끊어집니다
해님이 방긋 솟아오르면
거미가 줄을 타고 내려옵니다

활동방법

1. 도입
   ① 거미모양의 교구를 보여주며 거미가 어떻게 생겼는지 이야기해 본다.
   ② 거미에 생태에 대해서 다시 한번 이야기한다.
2. 전개
   ① 노래 전체 들어본다.

② 허밍으로 노래를 불러본다.

③ 가사판을 이용해 노래 가사를 이야기형식으로 들려준다.

- 어느 날 까만 거미가 이렇게 줄을 타면서 집을 짓고 있었어요. 그런데 갑자기 콰르릉 비가 내리지 뭐예요! 그럼 거미가 짓고 있던 집은 어떻게 될까요? 잠시 후 구름 사이에서 이렇게 햇님이 솟아 올랐어요. 비가 멈추기를 기다렸던 거미는 다시 집을 짓기 위해 줄을 타고 내려왔답니다.

④ 노래의 한 소절씩 따라 부른다.

⑤ 다같이 불러본다.

3. 마무리

① 거미 노래를 배우고 불러본 소감을 이야기한다.

- 친구들은 오늘 노래를 배우면서 뭐가 제일 재밌었나요?
다음 시간에는 친구들 만에 거미를 한번 그려볼까요?
그리고 거미노래에 관한 율동도 배워보자.

확장활동

1. 자신이 생각하는 거미에 모습을 그려본다.
2. 거미의 관한 동화책을 읽어준다.
3. 거미노래에 관한 율동을 배우고 몸을 움직여본다.

시장 잔치

활동목표

1. 즐겁게 노래를 익히고 불러본다.
2. 가사를 바꾸어 노래를 불러본다.
3. 노래를 통해 시장에 무엇이 있는지 안다.

준비물

시장 사진, 가사판, 음원과 플레이어 또는 건반

시장잔치

김성균 작사/작곡

수박 수박이 나왔어요 / 시원한 수박이 뚱뚱해요
참외 참외가 나왔어요 / 샛노란 참외가 꿀맛이에요

내일은 못사요 / 빨리빨리 사가세요
내일은 못사요 / 다 떨어집니다

호박 호박이 나왔어요 / 못생긴 호박이 더 맛있대요
오이 오이가 나왔어요 / 날씬한 오이가 멋쟁이예요

내일은 못 사요 / 빨리빨리 사가세요
내일은 못 사요 / 다 떨어집니다

활동방법

1. 도입
   ① 시장에 가본 경험을 말해 본다.
   - 시장에 가본 적이 있니?
   - 시장에 무엇이 있었니?

   ② 노랫말을 보며 시장에서 볼 수 있는 것들에 대해 알아본다.
   - 이 노랫말의 시장에는 무엇이 있었니?
2. 전개
   ① 노랫말을 보며 교사의 선창을 들어본다.

   ② 한 가지 소리로 음을 익힌다.
   - 선생님 피아노 소리에 맞춰 한 가지 소리로 불러보자.
   - 어떤 소리로 불러볼까?
   - 또 어떤 소리로 불러볼까?

   ③ 노랫말을 넣어서 불러본다.
   - 노랫말을 넣어서 불러볼까?
   - 한번 더 불러보자.

   ④ 노랫말 바꾸어서 불러본다.
   - 시장에 가면 또 어떤 야채와 과일을 살 수 있을까?
   - 이번에는 노랫말을 ○○로 바꾸어서 불러보자.
3. 마무리
   ① 노래를 배우고 노래를 불러본 소감에 대해 이야기 나눈다.
   - 노래를 불러보니 어땠니?
   - 노랫말을 바꾸어 보니 어땠니?

확장활동

1. 노래가사 속에 있는 야채와 과일 말고 더 다양한 과일과 야채를 소개한다.
2. 노래배우기를 끝내고 시장놀이를 한다.

잉잉잉

활동목표

1. 노래를 익히고 즐겁게 부를 수 있다.
2. 노래를 통해 과일과 채소의 모양, 특징을 알 수 있다.
3. 노래말에 어울리는 동작을 만들어본다.

준비물

펠트인형(고추, 오이, 사과, 호박), 가사판, 음원과 플레이어 또는 건반

잉잉잉

김성균 작사/작곡

고추밭에 고추는 / 뾰족한 고추
빨간 고추 초록 고추 / 모두 뾰족해
댕글댕글 사과가 / 놀러 왔다가
아야아야 따가워서 / 잉잉잉

오이 밭에 오이는 / 날씬한 오이
이리 봐도 저리 봐도 / 날씬한데
둥글둥글 호박이 / 놀러 왔다가
나는 언제 예뻐지나 / 잉잉잉

〈펠트인형〉

〈가사판〉

활동방법

1. 도입

① 그림카드를 보며 이야기 나눈다.

- 선생님이 들고 있는 이것은 무엇일까?
- 어떻게 생겼니?

2. 전개

① 노래를 들어본다.

- 노래를 잘 들어보자.
- 노래를 들어보니 어떠니?
- 무엇이 기억나니?

② 한 가지 소리로 부르며 음을 익힌다.

- 어떤 소리로 노래를 불러볼까?

③ 노랫말을 넣어서 노래를 불러본다.

- 노랫말을 넣어서 불러보자. 한번 더 불러보자.

④ 노랫말에 어울리는 동작을 만들어 본다.

- 고추가 뾰족한 나머지 사과가 아야 아파서 울었구나
- 어떻게 울었지?
- 우리 사과가 울 때 한 동작을 함께 해 볼까?

3. 마무리

① 활동을 마치고 난 소감을 이야기 나눈다.

- 잉잉잉이라는 노래를 배우고 불러보니 어땠니?
- 어느 부분이 제일 재미있었니?

확장활동

미술영역에서 과일과 채소를 그려본다.

멋진 눈사람

활동목표

1. 멋진 눈사람 동요를 다양한 방법으로 불러본다.
2. 노래 가사를 바꾸어 눈사람에 대한 생각과 느낌을 표현한다.
3. 노래에 맞춰 리듬악기를 연주하며 노래부른다.

활동자료

멋진 눈사람 음원, 가사판, 트라이앵글, 캐스터네츠

활동방법

1. 도입

① 겨울에 대해서 이야기 나눈다.
- 지금은 어떤 계절이니?
- 겨울이 온 것을 어떻게 알았니?
- 눈을 이용해 할 수 있는 놀이가 있을까? (눈썰매 타기, 눈싸움, 눈사람 만들기 등)

② 겨울철 놀이 '눈사람 만들기'에 대해서 이야기 나눈다.
- 눈사람을 만들어 본 적이 있니?
- 눈사람을 만들어 본 느낌은 어떠니?

2. 전개

① 교사가 들려주는 노래를 감상한다.
- 어떤 자세로 노래를 감상하면 더욱 잘 들을 수 있을까?
- (노래를 감상한 후) 노래를 감상한 느낌은 어땠니?
- 노랫말은 어떤 내용이었던 것 같니?

② 노래의 제목과 작사 · 작곡가를 알아본다.
- 제목을 '멋진 눈사람'이라고 지은 이유는 무엇일까?
- '작사'라는 말은 어떤 뜻일까?
- '작곡'이라는 말은 어떤 뜻일까?
- 이 노래를 누가 만들었을까?

③ '멋진 눈사람' 노래를 한 가지 소리로 불러본다.
- 어떤 소리를 넣어서 불러보고 싶니?
- (한 가지 소리를 넣어 불러본 후) 이번엔 다른 소리로 불러보도록 할까?

④ 가사판을 보며 노랫말을 넣어 부른다.
- 이제는 노랫말을 넣어서 노래를 불러보는 건 어떨까?
- 천천히 함께 불러보도록 할까?

⑤ 아이들에게 악기를 나눠 주고, 트라이앵글로 눈이 내리는 듯한 풍경을, 캐스터네츠로 눈을 밟는 발자국 소리를 노래에 맞춰 연주한다.
- 악기의 소리가 어떻게 들리니?
- 노래에 맞춰 즐겁게 연주해 보도록 할까?
- 이번에는 조금 더 빨리 연주해 볼까?

⑥ 악기를 정리한다.
- 노랫말에 맞는 율동을 함께 만들어 보는 것은 어떨까?
- 어떤 노랫말을 율동으로 만들어 보고 싶니?
- '눈을 굴려서' 부분은 어떻게 만들어 보면 좋을까?
- '눈사람을 만들자' 부분은 어떻게 만들어 보면 좋을까?
- (율동을 모두 만든 후) 이제 우리가 만든 율동에 맞추어 노래를 함께 불러보도록 할까?

3. 마무리

① '멋진 눈사람' 활동을 평가한다.
- 친구들과 함께 눈사람에 대한 새 노래를 불러보았는데 어땠니?
- 눈사람을 어떻게 만든다고 했니?
- 눈사람을 만들 때 무엇이 필요할까?
- 가장 기억에 남는 노랫말은 무엇이니?
- 리듬을 느끼며 새 노래를 연주해 보니 어땠니?

10 Chapter

악기지도

1. 악기지도의 중요성

유아는 소리가 나는 모든 물건을 좋아하고 흥미로워한다. 음악은 다양한 소리로 만들어진다. 따라서 사물을 조작하여 소리를 만들고 자신의 기분이나 느낌을 악기로 연주하고 공유하는 경험은 음악과 즐기고 가까워지게 한다. 유아는 자연스러운 일상생활 속에서 소리를 듣고 탐색하고 이것은 악기 연주와 연결되어 보다 편안하고 가깝게 음악을 연주하고 만들어 낸다.

일반적으로 악기라고 하면 음악을 연주하기 위해 만들어진 기구를 생각하지만 음악을 연주하는 데 쓰이는 기구에는 상품화된 악기 이외에도 다양한 소리 나는 물건들이 사용되어 훌륭한 음악을 만들어 내고 있다. 따라서 악기란 음악를 연주하는 데 사용되는 모든 기구를 통틀어 악기라고 한다.

악기의 사용은 몸 동작의 에너지를 소리의 세계로 발산시키는 기회를 부여함으로써 동작과 소리의 발생이 밀접한 관련을 맺고 있음을 몸소 느끼게 한다. 또한 협주를 통한 악기지도는 악보를 저절로 배워서 읽을 수 있게 되고, 사회성도 기를 수 있으며, 악기를 소중히 다룰 수 있는 마음을 길러주고 연주를 통해 유아가 성취감을 맛볼 수 있기도 하다.

음악을 연주하면서 손뼉을 치고 발을 구르면 신체의 움직임은 가장 쉽게 연주할 수 있는 악기가 된다. 난타 공연은 대표적인 생활 속 물건을 이용하는 악기연주 공연이다. 이때 도마, 칼, 냄비뚜껑, 숟가락 등은 분명히 악기이다. 이처럼 악기는 일반적으로 악기로 만들어진 것 외에도 생활용품 악기, 신체 악기 등을 활용할 수 있으며, 특히 유아교육기관에서는 소리와 리듬을 만들어 낼 수 있는 다양한 도구와 신체, 재활용품으로 만든 악기 등이 악기지도에서 중요한 악기의 유형으로 사용된다. 유아들이 이러한 다양한 형태의 악기를 탐색하고 악기를 만들어 보고 이를 연주해 보는 경험은 유아기의 음악적 경험에 매우 중요하며 상품화된 일반 악기에 대한 관심을 높이고 상상력과 음악적 창의성을 높이게 된다.

악기는 유아들의 소리탐색과 음악적 표현을 하는 데 매우 중요한 역할을 한다. 우선 유아의 신체발달에 적합한 악기를 선정하는 것이 중요하다. 소근육 발달이 한정되어 있는 5세 이하의 유아는 피아노나 바이올린, 플룻 등의 악기는 피하고 간단한 리듬악기와 선율악기가 적합하다. 유아들이 사용하기에 적합한 악기는 큰북, 작은북, 캐스터네츠, 탬버린, 우드블록, 트라이앵글, 심벌즈, 소고, 장구, 징, 리듬막대, 마라카스, 기로 등의 리듬악기와 실로폰, 멜로디언, 핸드벨, 리코더, 하모니카, 피아노, 우쿨렐레 등의 선율악기 등이다. 유아에게 악기지도는 음악에 맞춰 춤추고 노래하면서 음악의 즐거움을 느끼게 한 후 음에 대한 본격적인 악기교육을 시키는 것이 좋다.

2. 악기지도의 내용

대개 만 2세경이 되면 손뼉치기가 가능해지며 리듬악기에 흥미를 갖고 연주하고 싶어 한다. 3세경이 되면 리듬악기를 이용하여 규칙적인 박자에 반응하고 연주할 수 있게 되며, 4세 이후에는 비교적 정확하게 연주할 수 있게 된다. 5세경이 되면 대부분의 리듬악기를 연주할 수 있으며 리듬패턴을 만들거나 즉흥연주, 협주도 가능하며 가락악기를 칠 수 있는 능력이 현저하게 발달한다.

악기지도의 내용은 악기 탐색하기, 악기 만들기, 악기 연주하기로 나누어 살펴볼 것이다.

1) 악기 탐색하기

유아는 모든 자연과 사물에서 나는 소리에 관심이 많으며 소리가 나는 물건은 모두 좋은 악기의 소재가 된다. 유아는 악기를 두드려서 자유롭게 소리 내기가 쉽기 때문에 타악기에 대한 흥미가 높다. 따라서 유아는 다루기 쉬운 타악기, 리듬악기를 먼저 사용하는 것이 좋다.

일반 악기 외에 재활용품으로 만든 악기, 생활용품 악기, 신체 악기 등 다양한 재질의 악기에서 나는 소리를 들어보고 어떤 재질에서 나는 소리인지 찾아보거나 모양과 재질에 따라 어떤 소리가 날지 예측해 보고 소리를 들어 본다. 그리고 같은 사물이나 악기라 하더라도 연주방법이나 연주하는 장소에 따라 다른 소리가 나는 것을 경험할 수 있다.

내가 좋아하는 소리를 내는 악기, 음악이 어울릴 것 같은 소리를 내는 악기, 높은 소리를 내는 악기, 맑은 소리를 내는 악기, 재미있는 소리를 내는 악기 등 소리의 특징을 찾아가는 활동을 해 볼 수 있다.

2) 악기 만들기

유아 주변의 소리 나는 모든 물건은 악기가 될 수 있다. 악기 만들기는 자연물, 냄비나 숟가락, 국자, 도마, 빨래판, 여러 가지 재활용품 등을 이용하여 악기를 만들어 보고 악기 이름을 지어보는 활동이다.

유아들은 구입한 실제 악기보다 자신이 직접 만든 악기를 더 좋아하며 악기를 만드는 과정을 즐긴다. 유아들이 만든 악기만으로 합주단을 구성하여 교사의 지휘로 노래 부르며 연주한다면 유아들은 성취감과 만족감을 느끼면서 음악의 즐거움을 느낄 수 있을 것이다.

- 다양한 물건과 악기를 탐색하고 자신이 원하는 소리를 낼 수 있는 악기를 만들어 반복적·지속적으로 연주할 수 있는 악기를 만드는 것이다. 악기만들기는 음악활동과 함께 유아에게 창의적 사고와 미술적 표현을 통합적으로 접근할 수 있다. 하지만 미술활동과의 차이는 단순히 악기모양을 만들어 보는 것이 아니라 소리를 만들어내고 음악연주하는 데 이용할 수 있는 악기를 만들어야 한다.

- 유아는 재질에 따라 들리는 소리가 다르다는 것을 알고 자신이 만들고 싶은 소리를 위해 어떤 물건을 사용해야 하는지를 찾아보고 재활용품을 분해하거나 결합하여 악기를 만들어 본다. 예를 들어 깡통, 페트병, 봉투, 계란판, 플라스틱 통 등에 여러 가지 곡류를 넣어서 마라카스를 만들 수 있다. 같은 깡통을 이용하더라도 어떤 곡물이나 재료를 채우느냐에 따라 다른 소리가 나는 악기가 탄생한다. 다양한 종류의 재료를 사용함으로써 재료의 크기와 종류에 따라 서로 다른 소리가 나는 것을 비교하게 된다. 이러한 과정에서 실험과 창의적 사고가 동반되는 과학적 경험이기도 하다. 원하는 소리를 내는 악기를 만든 다음에는 악기를 아름답게 꾸미고, 악기의 이름을 지어본다.

3) 악기 연주하기

악기 연주는 음률 영역에 다양한 악기를 비치하여 유아가 자유롭게 연주 해 보거나 교사가 동요나 음악에 맞추어 연주할 수 있도록 활동을 계획하여 악기 연주 경험을 제공할 수 있다. 중요한 것은 악기 연주가 악기연주 기술을 향상시키기 위한 것이 아니라 음악적인 즐거움을 줄 수 있는 활동으로 이루어져야 한다는 것이다.

- 악기는 크게 리듬악기, 멜로디 악기, 전통 악기 등으로 구분하는데 유아에게는 발달적 특성을 고려할 때 리듬악기부터 경험하도록 하는 것이 바람직하다.
- 악기는 악기의 재질에 따라 다양한 소리가 나지만 연주하는 방법과 도구에 따라 다양한 소리를 낼 수 있다. 악기는 손으로 두드려서 소리를 내기도 하고 채를 이용해서 소리를 내기도 하고 흔들어서 연주하기도 한다. 손으로 두드릴 때도 손바닥으로 두드려 연주할 수도 있고 손가락 끝으로 두드려 연주할 때의 소리와 느낌은 다르다. 유아는 다양한 악기를 다양한 연주방법에 따라 연주해 보면서 악기의 재료와 연주법이 음색과 밀접한 관련이 있음을 점차 이해하게 된다.

3. 악기지도를 위한 교수학습방법

1) 악기지도를 위한 계획

악기연주는 리듬을 치고, 리듬만들기 활동으로 이루어진다. 리듬 만들기라는 창작활동은 음악개념을 가르치는 효과적으로 음악적 발달 단계를 고려하여 이루어져야 한다.

먼저, 자신의 신체를 통해 만들어 낼 수 있는 소리를 찾아보고, 그 소리로 리듬을 만들어 내며, 이후 다양한 재활용품을 활용하여 악기를 만들고 연주해 볼 수 있도록 한다. 이 외에도 자연환경에서 소리를 만들 수 있는 자연물을 찾아보고 그 자연물을 이용하여 리듬을 만들어 볼 수 있다. 다양한 방법을 통해 유아에게 리듬 만들기 활동을 자연스럽게 접근해 나가는 것이 중요하며 부담을 느끼거나 억지로 이루어지는 활동이 아닌 쉽게 접근할 수 있는 방법을 모색하여 활동으로 진행해 나가는 것이 바람직하다.

유아는 악기를 연주하는 동안 즐거운 놀이로 경험할 수 있어야 한다. 서로 다른 악기들의 크고 작은 소리, 길고 짧은 소리를 구분하면서 음색과 리듬을 학습하며 다양한 방법으로 연주하면서 자신의 생각과 느낌을 표현할 수 있도록 지도한다.

(1) 악기 연주하기에 적합한 곡을 선정한다

너무 길거나 복잡하지 않고, 유아가 전부터 알고 있는 친숙한 노래(동요)를 선택한다. 노래 전체를 악기로 연주할 수 있으며 노래의 특징적인 부분만 악기로 연주할 수도 있다.

(2) 악기 연주를 위한 그림악보를 만든다

노랫말에 맞는 악기와 연주방법을 시각적으로 보여줄 수 있는 그림 자료들로 그림 악보를 만든다. 이때 유아와 함께 토의하여 만드는 것이 좋다. 예를 들어, '시계'라는 노래로 악기연주를 한다면 '큰 시계'는 어떤 악기로,

'오빠 시계'는 어떤 악기로, '언니 시계'는 어떤 악기로 어떻게 연주해야 할지를 협의한다. 유아들과 함께 결정한 대로 악기의 그림 자료를 그림 악보의 해당되는 노랫말 위나 아래에 붙여 표시한다.

2) 악기연주하기 지도방법

유아가 노래를 배운 후 노래에 맞춰 악기 연주하기를 할 수 있다. 노래를 맞춰 악기연주를 하기 위해서는 노래를 충분히 익혀서 멜로디와 리듬을 잘 알고 있어야 한다. 노래에 맞춰 악기연주하는 방법에는 자유롭게 연주하기, 부분 연주하기, 분담 합주하기, 전체 합주하기 등의 방법이 있다.

자유롭게 연주하기
① 노래를 다 같이 불러 본다. ② 노래에 맞춰 연주하기를 할 것임을 말하고, 악기를 탐색한다. ③ 악기가 처음 소개될 때 악기의 이름, 연주방법, 다루는 태도 등에 대해 이야기 나눈 다음 악기를 유아에게 나누어 준다. ④ 노래에 맞춰 유아들이 자유롭게 연주한다. ⑤ 여러 가지 방법(악기 바꾸기, 몇 명의 유아가 나와서 연주하여 들려주기, 반그룹은 노래 부르고 반그룹은 연주하기 등)으로 연주한다.

부분 연주하기
① 노래를 다 같이 불러 본다. ② 노래에 맞춰 악기 연주하기를 할 것임을 말하고, 어떤 부분을 연주할지 소개한다. ③ 연주하기 악보를 이용한다든가, 부분 연주하는 것을 교사가 시범을 보인다. ④ 곡의 특성에 맞는 악기를 2~3가지 소개한 후, 악기를 유아에게 나누어 준다. ⑤ 노래를 부르며 특정한 부분에서만 유아들이 연주한다. ⑥ 여러 가지 방법(악기를 바꾸기, 몇 명의 유아가 나와서 연주 들려 주기, 반그룹은 노래 부르고 반그룹은 연주하기 등)으로 부분 연주를 한다.

분담 합주하기

① 노래에 맞춰 악기를 연주하기를 할 것임을 말하고, 어떻게 나누어서 연주할지 소개한다.
② 악기를 유아들에게 나누어 준다.
③ 분담 합주를 위한 그림 악보를 준비한 후, 나누어 연주할 부분을 소개한다.
예) 돌과 물
바윗돌 깨뜨려 돌덩이(탬버린)
돌덩이 깨뜨려 돌맹이(트라이앵글)
돌맹이 깨뜨려 자갈돌(캐스터네츠)
자갈돌 깨뜨려 모래알(우드블록)
라라라라라라 라라라라라(다 같이)
④ 노래를 부르며 유아들이 각자 맡은 부분에서 연주한다.
⑤ 여러 가지 방법(악기 바꾸기, 몇 명의 유아가 나와서 연주 들려 주기 등)으로 분담 합주를 한다.

전체 합주하기

① 노래에 맞춰 악기연주하기를 할 것임을 말하고, 어떻게 나누어서 연주할지 소개한다.
② 전체 합주를 위한 그림 악보를 준비한 후, 어떤 악기로 어떻게 연주할지 소개한다.
바윗돌 깨뜨려 돌덩이/(쿵—탬버린, 짝 짝 짝—캐스터네츠)
돌덩이 깨뜨려 돌맹이/(쿵—탬버린, 짝 짝 짝—캐스터네츠)
돌맹이 깨뜨려 자갈돌/(쿵—탬버린, 짝 짝 짝—캐스터네츠)
자갈돌 깨뜨려 모래알/(쿵—탬버린, 짝 짝 짝—캐스터네츠)
라라라라라라 라라라라라/(쿵—탬버린, 짝 짝 짝—캐스터네츠)
③ 유아들과 쿵 짝 리듬을 신체로 연주해 본다(쿵—무릎치기, 짝—손뼉 치기).
④ 쿵, 짝에 해당하는 악기를 유아들에게 나누어 준다.
⑤ 노래에 맞춰 유아들이 전체 연주한다.
⑥ 여러 가지 방법으로 전체 합주를 한다.
예 한 반의 유아 인원이 20여 명일 경우, 탬버린 5명/캐스터네츠 10명 정도로 정하여 '쿵짝짝짝'에 맞춰 연주하고, 2명 정도는 노래 부분에서 트라이앵글로 트레몰로를 연주하거나 나머지 3명 정도의 유아는 실로폰으로 보르둔 반주를 한다. 유아가 30여 명이라면, 악기별 인원을 조정하거나 혹은 10명 정도는 노래를 부르는 것도 좋다.

리듬합주는 신체 발달과 표현력 발달을 돕고 창의력과 상상력을 길러준다. 교사는 미리 다룰 곡의 내용과 형식을 파악, 분석하고 곡 성격에 맞는 악기를 선택하도록 한다. 합주는 처음에는 악기별로 시작해서 점점 리듬악기를 첨가하는 방식을 따른다. 교사는 곡의 특성에 맞게 악기를 분배시키고 곡의 흐름에 따라 음량 등을 고려한다.

악기를 선택할 때는 가급적 유아가 원하는 악기를 제공하고 전체 유아가 전체 악기를 고루 경험할 수 있도록 악기를 바꿔가며 소개한다. 리듬악기별 연주가 익숙해지면 피아노, 리코더 등 가락악기도 첨가한다. 유아의 합주로 적합한 악기는 대략 큰북, 작은북, 탬버린, 트라이앵글, 캐스터네츠, 심벌즈, 실로폰 등이 있다.

3) 악기지도 시 고려할 점

악기지도 활동 시 고려할 사항을 살펴보면 다음과 같다.

① 유아에게 악기를 조용히 나누는 방법을 알려 준다.

소집단인 경우, 악기가 담긴 상자나 통 앞에 한 줄로 서서 자신이 연주하고 싶은 악기를 가져가도록 하거나 한 유아로 하여금 나누어 주게 한다. 대집단인 경우에는 악기를 종류별로 상자에 넣고 집단별로 악기를 나누어준다.

② 시작과 멈춤 신호를 결정한다.

나이 어린 유아는 가능한 한 빨리 악기를 만지고 소리내 보고 싶어 한다. 이때 주의할 점은 활동을 멈추는 신호(손을 들거나, 피아노나 다른 악기소리로)를 정해서 신호에 따라 멈추도록 하는 것이다.

③ 악기 연주를 위한 규칙을 정한다.

악기는 조심스럽게 다루기로 규칙을 정한다. 악기는 장난감이 아니라 수업활동을 위한 자료라는 것을 인식하게 한다. 교사가 이야기하고 있는 동안은 악기를 연주하지 않으며, 악기 연주 중에 옆의 유아와 이야기를 하지 않도록 한다. 연주를 시작하는 신호가 있기 전까지는 악기 소리를 내지 않도록 한다. 악기를 연주하지 않을 때는 무릎 위, 의자 옆, 마루 위에 가만히 놓게 한다.

④ 유아들이 서로 악기를 바꾸어 연주해 보도록 한다.

유아들이 악기를 다양하게 경험해 볼 수 있도록 한 곡의 악기 연주가 끝나면 악기를 바꾸어서 연주해 볼 수 있도록 지도한다.

⑤ 악기 연주가 끝난 후 스스로 정리정돈 하도록 한다.

악기 연주가 끝난 후, 유아 각자가 악기를 약속된 보관 장소에 놓거나, 혹은 한 유아가 통을 들고 다니며 악기를 걷어 정리하도록 한다.

4) 악기지도의 일반적 지도방법

일반적인 악기연주하기 지도방법은 다음과 같다.

(1) 도입(동기 유발)

① 동요 부르기 및 악기를 소개한다.

- 악기 연주를 위해 선정한 동요를 함께 불러 본다. 악기 연주에 적합한 동요는 너무 길지 않고 유아에게 익숙한 노래이어야 한다.
- 반복적인 부분이 있고 의성어, 의태어가 적절히 포함되어 있는 곳이 좋다. 노래에 맞춰서 연주할 악기를 정하고 악기를 소개한다.

(2) 전개

① 소개한 악기의 연주방법을 정한다.

교사는 미리 노래 가사판에 악기 그림카드를 부착하여 만든 악기 연주 악보를 준비한다. 처음에는 연주방법을 교사가 미리 계획하여 연주해 보고 점차 익숙해지면 유아들과 연주방법을 정하여 연주해본다. 악기 연주방법은 흔들기, 두드리기, 치기 등 몇 가지 연주방법을 알 수 있는 카드를 준비해서 노랫말 아래에 붙여주도록 한다.

- 이 부분은 어떤 악기가 어울릴 것 같니?
- 어떻게 연주하는 것이 좋을까?

② 그림악보를 보면서 신체악기로 연주한다.

악기로 연주하기 전에 먼저 신체악기를 이용하여 연주해 본다. 예를 들어, 입으로 '둥둥', '똑똑똑똑', '찰찰찰찰' 하고 소리 낼 수 있다. 교사가 큰소리로 노래를 불러주고 신체 악기로 시범을 보이며 함께 연주해 보도록 한다.

- 먼저 손바닥 악기로 연주해 볼까?

③ 그림악보를 보면서 악기로 연주한다.

신체 악기로 연주가 끝나면 악기를 나누어 주고 연주할 준비를 한다. 여러 명의 유아가 함께 연주하는 경우에는 악기를 맡아서 연주한다.

가령, 세 명의 유아가 함께 연주한다면 '시계' 노래의 경우 첫 번째 유아는 큰북, 두 번째는 우드블록, 세 번째는 탬버린을 연주하고 마지막은 다 같이 연주할 수 있다.

집단을 나누어서 연주해 볼 수 있다. 먼저 연주할 집단과 감상하거나 노래를 불러줄 집단으로 나누되 악기를 나누어 주고 연주방법에 맞게 연주해 보도록 한다. 이때 감상할 집단은 감상 태도에 대한 약속을 잘 지키도록 하여 악기 연주하는 집단에 방해가 되지 않도록 한다.

- 먼저 A팀만 연주해 보자.
- B팀은 노래를 불러주자.
- 바꾸어서 연주해 보자.

④ 상황에 따라 그림악보를 수정하여 악기로 연주하는 단계를 몇 회 반복할 수 있다.

교사의 악보대로 악기 연주를 여러 번 하고 난 후에는 유아가 악보의 일부를 수정하여 연주해 보는 경험을 한다. 조금씩 단계적으로 수정의 범위를 넓혀가면서 반복적으로 연주해 본다.

(3) 마무리

① 악기를 정리정돈 하고 악기연주에 대한 느낌을 이야기 나눈다.

악기 연주를 해보니 어떤 기분이 드는지, 무엇이 재미있고 어려웠는지를 소감을 나눈다. 또 녹음을 하여 함께 들어 보고 음악의 구성요소와 관련하여 어떻게 연주되었는지에 대해서도 이야기 나누어본다.

- 이 노래와 가장 잘 어울리는 악기는 무엇이었니?
- 어떤 악기로 연주하는 것이 재미있었니?
- 악기 연주할 때 무엇이 어려웠니?

4. 악기지도의 실제

헌 양말을 활용한 삑삑이

활동목표

1. 재활용품 악기를 다양한 방법으로 탐색한다.
2. 재활용품 악기를 연주하여 노래를 부를 수 있다.

준비물

아기돼지 양말, 엄마돼지 양말, 삑삑이, 부직포, 눈알

제작방법

1. 헌 양말을 깨끗이 빤다.
2. 돼지 입 부분에 맞게 잘라놓은 하드보드지를 양말 속에 붙인다.
3. 그 하드보드지 안에 삑삑이를 붙인다.
4. 양말 밖에 돼지의 눈알과 부직포로 만든 귀와 코를 붙여준다.
5. 엄마돼지에게는 예쁜 리본을 아기돼지에게는 멋있는 단추를 달아준다.

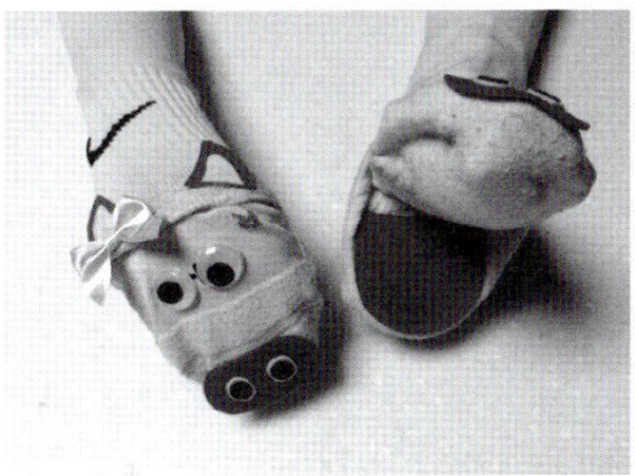
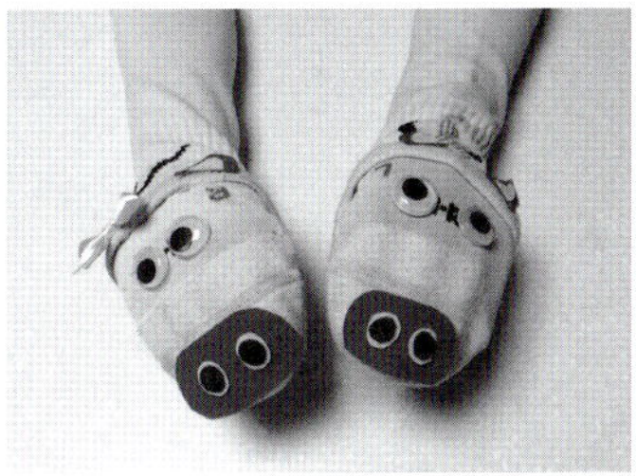

활동방법

1. 도입
   ① 엄마와 아기돼지 노래를 부른다.
   ② 노래에 나오는 엄마돼지, 아기 돼지를 몸으로 표현해 본다.
2. 전개
   ① 헌 양물 악기를 탐색하고 소리를 들어본다.
   - 이것은 무엇으로 만들었니?
   - 어떻게 소리를 낼 수 있을까?

② 노래를 부르며 악기를 연주한다.
- 노래를 부르면서 악기를 연주해보자.

③ 팀을 나누어서 악기를 연주해본다.
- 먼저 ○팀이 연주하고 ○○팀은 노래를 불러보자.
- 팀을 바꾸어서 연주해보자.

3. 마무리

① 노래부르고 악기를 연주해 본 소감을 나눈다.

깡통 마라카스

활동목표

1. 깡통으로 만든 마라카스 악기를 탐색한다.
2. 깡통 마라카스 악기를 노래에 맞춰 연주해 본다.

준비물

깡통 4개, 펠트지, 글루건, 콩, 쌀, 설탕, 소금

제작방법

1. 깡통을 깨끗이 씻은 후 말려 물기를 제거해 준다.
2. 펠트지로 뚜껑과 깡통을 아기자기하게 꾸며준다.
3. 깡통 안에 콩과 쌀 등을 넣고 뚜껑을 닫은 후, 깡통을 흔들어 본다.

활동방법

1. 도입
   ① 깡통 마라카스를 살펴보며 이야기 나눈다.
   - 이것은 무엇으로 만들었을까?
   - 어떤 소리가 나니?
   - 이렇게 흔들어서 연주하는 악기를 마라카스라고 부른단다.
   - 그러면 이 악기의 이름은 무엇이라고 하면 좋을까?
2. 전개
   ① 깡통 마라카스를 연주해 본다.
   ② 유아가 알고 있는 노래를 부르며 깡통 마라카스를 연주해본다.
   - 무슨 노래를 부르며 연주해볼까?
   ③ 여러 가지 방법으로 연주해본다(혼자, 또는 그룹으로 나누어 연주해 본다).
3. 마무리
   ① 깡통 마라카스를 연주해 본 느낌을 이야기한다.
   - 깡통으로 만든 악기를 연주해 보니 어땠니?
   - 다음에는 무엇으로 마라카스 만들어 볼까?

북

활동목표

1. 노래에 맞춰 북을 연주해 본다.
2. 여러 가지 방법으로 북을 연주해 본다.

준비물

북 - 쿠키 통, 펠트지, 모조 진주, 파란색 어항 돌, 바다 속 도안 L 파일
북채 - 동그란 막대, 뽑기 통, 리본, 색 풍선, 종이 테이프, 펠트지, 스팽글, 물고기 도안, 어항 돌, 볼펜
도구 - 글루건, 가위

제작방법

〈북 제작방법〉

1. 쿠키 통을 꾸며줄 그림 도안을 보고 어울리는 색으로 입체적으로 만든다.
2. 만든 것을 쿠키 통에 글루건으로 붙이고 싶은 위치에 붙인다.
3. 파란색 어항 돌을 적당히 쿠키 통 안에 넣는다.
4. L 파일을 쿠키 통 입구에 맞춰서 동그라미 모양으로 오린다.
5. 하늘색 펠트지를 L 파일보다 조금 더 큰 원을 잘라 가운데를 동그랗게 오려서 속을 보이게 한다.
6. 하늘색 펠트지를 쿠키 둘레에 맞춰서 직사각형 모양으로 오린다.
7. 쿠키 통 옆에 펠트지를 붙이고 조개와 소라를 글루건으로 옆에 붙인다.

〈북채 제작방법〉

1. 뽑기 통 안에 어항 돌을 (점점 양이 많아지게) 넣는다.
2. 풍선을 벌려서 뽑기 통을 안에 넣는다.
3. 아이스크림 막대기를 마스킹테이프로 감싼다.
4. 풍선 입구 쪽을 벌려서 글루건을 이용해서 막대기를 붙인다.
5. 물고기 도안을 보고 물고기를 만든다.
6. 리본을 만들어서 풍선과 막대 사이를 글루건으로 붙인다.

활동방법

1. 도입

① 북 연주 소리를 들려주고 이야기 나눈다.

- 이 악기 소리를 들었니? 어떤 느낌이 드니?
- 이 악기의 이름은 무엇일까?

2. 전개

① 선생님이 재활용품으로 만든 북 악기 소리를 들려준다.

- 이것은 무엇으로 만들었을까?
- 조금 전에 들었던 아기와 어떻게 다르니?

② 북을 연주하면서 노래를 불러본다.

- 어떤 노래가 잘 어울릴 것 같니?
- 노래를 부르면서 북을 연주해 보자

③ 북을 연주하는 방법에 대해 이야기 나눈다.

- 북을 다르게 연주하는 방법을 생각해 보자.
- 어떻게 연주해 볼까?
- ‘두꺼비집’ 노래에는 어떻게 연주하는 게 좋을까?

④ 함께 정한 방법대로 노래를 부르며 연주해본다.

3. 마무리

① 재활용품 북을 연주해본 느낌을 이야기 한다.

- 북을 연주해 보니 어땠니?
- 무엇이 재미있었니?

유리병 실로폰

활동목표

1. 물의 높낮이로 인한 다양한 음색 소리를 들어본다.
2. 도레미파솔라시도 음을 구분할 수 있다.
3. 유리병 실로폰으로 비행기, 작은 별 같은 간단한 동요를 칠 수 있다.

준비물

실로폰 준비물: 음료수 유리병, 색종이, 색깔 끈, 부직포, 글루건, 가위, 눈알, 물감, 검은펜

실로폰 채 준비물: 글루건의 본드, 연두색 땡땡이 포장 끈, 글루건, 고장 난 펜의 붙어 있는 장난감

제작방법

〈실로폰 제작방법〉

1. 음료수를 마신 뒤 유리병을 깨끗이 닦는다.
2. 유리병 안에 물감을 넣고 물을 넣는다.
3. 물의 양을 조절하여 높은 도부터 낮은 도까지 물의 양을 각기 다르게 맞춘다.
4. 맞춘 물의 양의 소리가 맞는지 실로폰 채로 두드려본다.
5. 유리병의 뚜껑에 뚜껑이 열리지 않게 부직포를 붙인 뒤 글루건으로 봉쇄하고 색깔 끈으로 마무리한 뒤, 그 위에 하트 종이를 붙이고 하트종이에 계이름을 쓴다.
6. 유리병 앞에는 눈알을 붙인 뒤 입은 색종이로 붙이고 그 위에 크게 계이름을 쓴다.

〈실로폰 채 제작방법〉

1. 유리병에 치면 소리가 잘나는 글루건의 본드에 연두색 포장 끈으로 감싼다.
2. 그 위에 폐품 장난감을 글루건으로 붙인 뒤 떼어지지 않게 고정한다.

활동방법

1. 도입

① 작은 별 노래를 함께 불러본다.

② 실로폰 악기를 소개하고 연주하는 모습을 보여준다.

- 이 악기의 소리가 어떠니?
- 이 악기의 이름은 무엇일까?

2. 전개

① 유리병으로 만든 실로폰 소리를 들려준다.

② 소리를 들려주고 무슨 소리인지 맞추어 본다.

③ 물의 높낮이로 인한 소리의 음높이가 달라짐을 탐색하고 음을 연주해 본다.

④ 실로폰으로 작은 별을 연주하면서 유아와 함께 노래를 부른다.

⑤ 유리병 실로폰을 연주할 때 주의할 점을 안내하고 자유롭게 연주해보도록 한다.

3. 마무리

① 유리병실로폰 악기를 연주해본 소감을 이야기한다.

패턴 보고 리듬 치기

활동 목표
1. 리듬 패턴을 보고 악기 연주할 수 있다.
2. 4분음표와 8분음표의 길이를 구분할 수 있다.

활동자료
리듬 패턴 그림 자료(큰 트럭바퀴, 자전거 바퀴 등 바퀴모양 각각 5개 이상), 융판, 리듬악기

활동방법
1. 도입
   ① 리듬 패턴 자료(트럭 바퀴, 자전거 바퀴 그림)를 보여주며 박과 리듬을 소개한다.
   - 이것은 무엇일까?
   - 어디에서 보았니?

   ② 박과 리듬이 다르게 표현된 그림 자료의 그림을 읽어 본다.
   (예 큰 바퀴 하나에 작은 바퀴 하나 / 작은 바퀴 두 개에 큰 바퀴 두 개 /큰 바퀴 하나 작은 바퀴 두 개).
   - 이 그림을 한 번 읽어 보자(큰 바퀴 작은 바퀴 등).
2. 전개
   ① 리듬패턴에 맞춰 소리를 표현해 본다.
   - 큰 바퀴는 어떻게 소리를 낼 수 있을까?
   - 작은 바퀴는 어떻게 소리를 내면 좋을까?
   - 이런 그림이 4개가 있으면 어떻게 소리를 내야 할까?

   ② 큰 바퀴는 ♩표 길이로, 작은 바퀴는 ♪♪로 소리를 내보도록 한다.
   - 큰 바퀴 하나와 작은 바퀴 두 개가 있네, 어떻게 소리를 내야 할까?
   (예 손뼉을 한 번 크게 친 후에 두 번째 박에는 왼 손바닥에 오른 손가락으로 짧게 두 번 친다.)

   ③ 유아들이 여러 가지 방법으로 리듬 패턴을 만들고, 리음악기로 연주해 본다.
3. 마무리
   ① 패턴을 리듬악기로 연주한 소감에 대해 이야기 나눈다.
   - 악기 연주를 해 보니 어땠니?
   - 무엇이 재미있었니?
   - 무엇이 어려웠니?

캐스터네츠로 연주해요

활동목표

1. 캐스터네츠에 호기심을 갖고 다양한 방법으로 탐색한다.
2. 노래를 부르며 캐스터네츠로 연주한다.

준비물

캐스터네츠, 돌과 물 음원, 돌과 물 노랫말 자료

활동방법

1. 도입
   ① 돌과 물 노래를 함께 부른다.
   - '돌과 물' 노래를 함께 불러볼까?
2. 전개
   ① 캐스터네츠의 소리를 들어보고 연주방법을 결정한다.
   - 이것은 캐스터네츠라는 악기란다.
   - 이 악기는 어떤 소리가 날까?
   - 소리를 잘 들어보자.
   - 이 악기는 어떤 방법으로 연주할 수 있을까?

   ② 노래를 부르며 악기를 연주한다.
   - 노래를 부르면서 악기를 연주해 볼까?

   ③ 두 팀으로 나누어서 연주해 본다.
   - 두 팀으로 나누어서 한 팀는 노래를 부르고 다른 팀은 노래에 맞춰 캐스터네츠를 연주해 보자.
   - 팀을 바꾸어서 연주해 보자.
3. 마무리
   ① 연주를 하고 난 후 느낌이나 생각에 대해 이야기해 본다.
   - 노래를 부르며 캐스터네츠를 연주해 보니 어땠니?
   - 이 노래에 맞춰 어떤 악기로 연주해 보고 싶니?

   ② 캐스터네츠 외 다른 리듬악기를 이용하여 연주해 본다.

돌과 물

윤석중 작사
전석환 작곡

탬버린으로 연주해요

활동목표

1. 탬버린을 이용하여 낼 수 있는 다양한 소리를 탐색한다.
2. 연주 악보를 보고 탬버린을 연주한다.

준비물

탬버린, '봄이 오는 소리' 연주악보, 연주표시 그림

활동방법

1. 도입
   ① 탬버린의 이름을 알아보고 생김새와 소리를 탐색한다.
   - 이 악기의 이름이 무엇일까?
   - 연주해 본 적이 있니?
   - 탬버린은 어떤 소리가 날까?
2. 전개
   ① 탬버린을 이용해서 다양한 소리를 내어본다.
   - 탬버린을 쳐보자. 어떻게 연주할 수 있을까?
   - 다른 방법으로 어떻게 연주할 수 있을까?
   ② '봄이 오는 소리' 노래를 다같이 불러본다.
   - 손뼉을 치면서 불러보자.
   ③ 연주 악보를 보면서 연주방법을 알아본다.
   - 여기 어떤 표시가 있니?
   - 어떻게 연주하라는 걸까?
   ④ 연주 악보를 보며 탬버린을 연주하며 노래를 불러본다.
   ⑤ 유아들과 연주 악보를 새롭게 구성해 본다.
   ⑥ 새롭게 구성한 연주 악보를 보고 탬버린을 연주하며 노래를 불러본다.
3. 마무리
   ① 탬버린을 연주하며 노래를 불러 본 느낌을 이야기한다.
   - 탬버린으로 연주하며 노래를 불러보니 어땠니?
   - 어떤 부분이 재미있었니?

확장활동

팀을 나누어서 연주방법을 다르게 하여 합주해 본다.

봄이 오는 소리

김성균 작사
김성균 작곡

악기 합주(참 재미있었지)

활동목표

1. 반복되는 리듬을 통해 리듬감을 기른다.
2. 악기를 연주하여 노래를 부를 수 있다.
3. 여러 가지 악기로 즐겁게 함께 연주해 본다.

준비물

탬버린, 우드블록, 캐스터네츠, 연주 악보, 악기 그림

활동방법

1. 도입
   ① 악기를 소개하고 탐색한다.
   - 이 악기는 어떤 소리가 날까?
   - 아기 이름이 무엇인지 아니?

   ② 악기를 연주하는 방법을 알아본다.
   - 이 악기는 어떻게 소리를 낼 수 있을까?
   - 다른 방법으로 소리를 내볼까? 어떤 방법이 있을까?
2. 전개
   ① '참 재미있었지' 노래를 불러본다.

   ② 연주 악보를 보면서 연주방법에 대해 알아본다.
   - 이 부분에서는 어떤 악기로 연주할까?
   - 어떻게 연주할까?

   ③ 연주 악보를 보면서 신체로 소리를 내면서 노래를 불러본다.
   - 이 표시는 어떻게 소리를 내볼까?(예 탬버린－손뼉, 우드블록－무릎, 캐스터네츠－팔)

   ④ 악기를 나누어 준다.

   ⑤ 연주 악보를 보며 연주해 본다.

   ⑥ 악기를 바꾸어서 연주해 본다.

   ⑦ 유아들과 연주 악보를 바꾸어보고 악보를 보고 연주해 본다.
3. 마무리
   ① 리듬악기로 합주해 본 느낌을 이야기나눈다.
   - 세 가지 악기로 연주를 해 보니 어땠니?
   - 어느 부분이 재미있었니?

확장활동

다양한 악기를 선택하여 연주해 본다.

참 재미있었지

김성균 작사
김성균 작곡

11 Chapter 신체표현

1. 신체표현의 중요성

유아는 주변에서 소리나 음악을 들으면 자연스럽게 자신의 몸을 움직인다. 음악을 들으며 음악이 주는 느낌에 따라, 노랫말에 따라, 음악적 요소에 따라 몸을 움직이는 것이 신체표현이다. 유아에게 음악과 신체 움직임은 분리할 수 없고, 음악의 느낌은 신체를 통해 자연스럽게 표현되며 음악을 표현하는 효과적인 방법이다.

신체표현은 음악교육에서도 이루어지지만 동작교육에서도 신체표현이 이루어진다. 그러나 음악교육에서의 신체표현과 동작교육에서의 신체표현은 차이가 있다. 동작교육에서의 신체표현은 기본 동작과 신체를 이용한 창의적 표현을 하기 위해 음악을 도구로 사용하므로 신체 움직임이 중심에 있고 음악이 도구로 사용된다. 반면 음악교육에서의 신체표현은 음악을 듣거나 부르면서 음악으로부터의 느낌, 생각, 내용을 표상하는 도구로 신체의 움직임을 사용한다. 즉 음악이 중심에 있고 음악을 잘 듣고 표현하기 위한 도구로 신체표현을 사용하는 것이다.

대표적인 현대 유아음악교육자인 달크로즈, 오르프, 코다이 등도 음악교육에 있어서 신체 움직임의 중요성을 강조하고 신체를 이용하여 표현하는 것이 음악적 목표를 이루는 데 도움이 됨을 지적하였다(이다경, 2015).

음악교육으로써 신체표현은 신체적 움직임을 통해 음악적인 요소를 경험하도록 하여 음악개념을 보다 자연스럽게 이해하도록 돕는 한 방법으로 교육적 가치를 갖는다(남기원, 2019). 유아가 다양한 음악을 주의 깊게 듣고 음악적 느낌을 몸으로 마음껏 표현하는 것을 즐기도록 하는 것은 유아음악교육 방법으로 매우 중요한 과정이다.

2. 신체표현의 내용

1) 음악의 구성요소에 따른 신체표현

음악을 듣고 음악의 구성요소에 대한 느낌을 신체로 표현하는 활동을 통해 효과적으로 음악적 구성요소를 자연스럽게 익힐 수 있다.

이를 위해서는 음악적 구성요소(음높이, 음길이, 셈여림, 음색, 박과 리듬, 빠르기, 가락, 화성, 역동성 등)가 분명하게 나타나 있는 곡을 선정하는 것이 중요하다. 예를 들어, 하이든의 놀람교향곡 제 2악장은 조용하게 전개되던 음악에서 갑자기 큰 소리가 나오는 부분은 유아들이 신체로 표현하는 것이 용이하다.

피카(Pica, 2004)는 유아에게 음악활동과 동작은 엄격히 구별되지 않고 상호 불가분의 관계로 나타난다고 하였다. 음악교육에서 신체표현은 신체 움직임을 통해 음악적 구성요소를 자연스럽게 이해하도록 하였는데 셈여림은 힘과 연결하였고, 빠르기는 시간과 음높이는 공간에서의 높낮이와 리듬은 걷고 달리고 뛰는 이동 동작으로 표현하도록 하였다.

음악을 듣고 음악의 구성요소에 따라 먼저 유아들이 신체로 반응해보도록 하고 필요에 따라 어떻게 표현했는지, 왜 그렇게 표현했는지를 이야기 나누고 이 과정에서 교사는 자연스럽게 음악의 구성요소를 관련하여 지도하면 유아의 음악 개념 형성을 효과적으로 도울 수 있다.

2) 노래 내용에 따른 신체표현

유아는 노랫말이 있는 노래를 들으며 노랫말과 관련된 신체움직임이 나타난다. '나처럼 해봐요', '둘이 살짝 손잡고', '그대로 멈춰라', '옆에옆에',

'통통통'과 같이 노랫말 자체에 신체 움직임에 대한 지시가 들어 있는 노래가 있다. 이러한 노래들은 노랫말에 따라 유아들과 함께 즐겁게 신체를 움직이는 가운데 음악의 즐거움을 느낄 수 있다. 예를 들어, '그대로 멈춰라'의 노래는 노래말처럼 '즐겁게 춤을 추다가'라는 부분에서는 자유롭게 춤을 추다가 '그대로 멈춰라'라는 부분에서 동시에 멈춤 동작을 하게 된다.

반면 노랫말의 상황을 상상하여 자기 나름대로의 동작으로 표현해 볼 수 있다. 예를 들어, '악어떼'노래를 부르며 노랫말에 나오는 동물을 상상하며 몸을 움직이고 표현하는 과정은 음악을 즐기게 하는 효과적인 방법이다.

이때 곡 선정은 짧고 단순한 곡을 선정하는 것이 효과적이며, 이때 교사가 동작을 만들어서 알려주고 모방하게 하기보다는 유아들과 노랫말 부분을 어떻게 표현하면 좋을지 이야기를 나누고 만들어보도록 하는 것이 좋다.

3) 음악에 따른 창의적 신체표현

노래나 음악을 들은 느낌을 창의적으로 신체표현을 해 볼 수 있다. 예를 들어, 림스키코르사코프의 '왕벌의 비행'은 매우 빠른 음이 경쾌하게 진행되어 유아들이 자연스럽게 날개짓을 하며 신이 나서 뛰고 움직이게 된다. 음악에 따른 창의적 표현을 할 때는 교사가 먼저 음악을 들어보고 유아의 신체표현을 예측해 보고 음악의 느낌 표현이 확장하여 나타날 수 있는 매체, 즉 스카프, 리본 테이프, 가면, 모자 등을 준비하는 것이 필요하다. 예를 들어, 동물의 사육제 '사자' 음악을 준비했다면 사자가 된 것 같은 느낌을 주기 위해 사자 머리띠나 가면을 쓰고 밀림을 걸어가는 사자를 표현해 본다면 좀 더 다양하고 정교하게 표현될 수 있을 것이다. 또한 음악을 들으며 무조건 창의적으로 표현해 보라고 하는 것보다는 교사 음악의 분위기와 느낌에 따라 적절한 이야기를 함께 만들어 보고 음악을 들으며 신체로 표현해 보도록 하면 즐겁게 참여할 수 있을 것이다.

3. 신체표현을 위한 교수학습방법

1) 신체표현하기의 계획

음악을 듣고 음악의 느낌이나 음악의 구성요소, 노랫말에 따라 신체표현하기를 위해서는 각각의 요소가 분명하게 드러나서 신체표현을 하기에 적합한 음악을 선택해야 한다. 유아들과 음악을 주의 깊게 듣고 각자 다양한 방법으로 음악의 요소들을 표현해 보는 것이 주된 활동이다.

노랫말에 따른 신체표현을 하기 위해서는 가사의 추상성이 적고 유아가 몸짓으로 표현하기 용이한 노래로 선택한다. 우선 노랫말에 따라 신체표현하기를 할 때는 교사가 일방적으로 노랫말에 따른 동작은 전달하고 모방하도록 하는 것이 아니라 노랫말을 잘 듣고 그것을 어떻게 신체로 표현해 볼 것인지를 유아들과 함께 정해가면 된다.

음악요소에 따른 신체표현하기는 음악을 주의 깊게 듣고 음악적 요소를 찾아보는 것에서부터 시작한다. 음악적 요소에 따른 신체표현을 하기 위해서는 '놀람교향곡'과 같이 셈여림, 빠르기 등 음악적 요소가 분명하게 나타나는 곡을 선정한다. 그리고 그 음악을 들으며 그 음악적 요소를 자유롭게 신체로 표현해보고 평가해본다.

노랫말에 따른 신체표현이나 음악의 구성요소에 따른 신체표현 모두 유아들이 창의적으로 자유롭게 노랫말과 음악적 요소를 신체로 표현해 보지만 음악의 느낌을 표현하는 것은 유아들마다 음악의 느낌을 받아들이고 선행적 경험에 따라 더욱 다양하게 나타날 수 있다.

2) 신체표현하기의 교수학습방법

유아는 말로 표현할 수 없는 감정을 몸짓이나 다른 움직임으로 표현하므로 유아의 움직임을 주의 깊게 관찰해 보면 유아의 마음을 읽을 수 있고 요구를 알 수 있으며, 학습을 위한 비언어적 도구로 사용할 수 있다. 이에 교사는 유아에게 힘을 격려해 주고 표현을 완성할 수 있도록 진중한 관찰과 격려를 표시해 동작활동에 활력을 불어넣어 주어 창의적인 표현을 맘껏 발휘할 수 있도록 해 주어야 한다. 이때 미소를 건네거나, 등 두드려주기, 어깨 안아주기 등의 긍정적 반응은 유아에게 안정감을 전달할 수 있다.

음악 구성요소에 기초한 신체표현과 창의적 신체표현을 위한 효과적인 교수방법은 다음과 같다.

(1) 음악을 감상하고 생각과 느낌을 나눈다

먼저 음악구성요소가 분명하게 들어나면서 유아의 흥미를 유발하기에 적합한 음악을 선정하는 것이 우선이다. 먼저 교사가 준비한 음악을 감상한 후 자신의 생각이나 느낌에 대해 이야기 나눈다. 그 음악을 잘 듣고 느낌이나 떠오르는 것이 무엇인지 이야기 나눈다.

(2) 음악적 요소에 대해 이야기를 나눈다

음악을 다시 한번 들어본 후 음악적 요소에 대해 이야기 나눈다. 예를 들어 음악을 듣고 나서 어떤 부분이 기억에 남는지, 큰소리나 작은 소리가 있었던 부분을 찾아보거나 반복되는 리듬이나 멜로디를 찾아본다.

(3) 음악에 맞추어 몸을 움직이는 계획을 한다

음악에서 발견한 음악적 요소를 어떻게 몸으로 표현할 수 있는지를 서로 이야기 나눈다. 높은 소리는 어떻게 표현하면 좋을지 부드러운 멜로디가 나올 땐 어떻게 움직이면 좋을지 유아와 함께 이야기 나눈다.

(4) 음악을 들으며 몸을 자유롭게 움직여 본다

음악을 들으며 그 느낌과 분위기를 몸으로 표현해 본다. 이때 스카프나 리본막대, 모자, 가면, 머리띠 등 음악에 적합한 도구를 이용하면 유아들의 흥미를 더 유발할 수 있다.

(5) 신체표현했던 것을 회상하여 평가한다

음악의 느낌과 음악의 요소를 몸으로 표현해 본 경험에 대해 이야기 나눈다. 음악에 맞추어 몸으로 표현해 보니 어땠는지, 그리고 무엇이 재미있었고 무엇이 어려웠는지 등을 이야기 나눈다.

3) 신체표현하기 지도 시 고려할 사항

신체표현하기를 지도시 다음과 같은 점을 유의한다.

첫째, 신체표현하기 활동 계획시 음악 선곡, 음악적 요소에 따른 신체 움직임이 유아 수준에서 이해하기 쉽고, 발달에 적합한 것이어야 한다.

둘째, 신체표현을 할 때 한 가지 유형으로 치중되지 않도록 한다.

예를 들어 동물을 주제로한 창의적인 신체표현뿐만 아니라 노랫말에 따른 신체표현, 음악요소에 따른 신체표현 등 균형 있게 이루어질 수 있도록 한다.

셋째, 다양한 음악을 선택하여 창의적으로 신체표현해 보도록 한다. 교사는 음악적 요소에 대한 지식을 바탕으로 다양한 음악을 선택하여 다양한 음악적 요소를 경험하고 창의적으로 표현해 낼 수 있는 기회를 제공한다.

넷째, 신체표현하기에 적절한 공간의 크기이면서 안전한 공간이어야 한다. 이 외에 시간이 여유가 있어야 하고 효과적인 신체표현을 할 수 있는 집단 크기로 고려한다.

다섯째, 유아가 음악에 적극적으로 참여할 수 있도록 유도하고 마음껏 표현할 수 있도록 격려한다. 참여하기를 거부하는 유아에게 억지로 참여하도록 강요하지 않는다. 아울러 교사도 즐겁게 참여하는 모습을 보여 주는 것이 도움이 된다.

여섯째, 여섯째, 적극적인 신체 표현에 도움이 되는 소품이나 도구를 적절히 활용한다. 스카프, 가면, 리본 테이프, 동물조끼 등을 활용할 수 있다.

4) 신체표현의 일반적 지도방법

신체표현하기 지도방법은 다음과 같다.

(1) 도입(동기 유발)

① 음악을 듣고 느낌을 이야기 나눈다.

음악을 감상하고 음악에 대한 생각과 느낌을 이야기 나눈다. 교사는 음악을 들으면서 어떤 생각이 떠올랐는지, 어떤 느낌이 들었는지를 발문하고 이야기 나눈다.

- 어떤 느낌이 들었니?
- 어떤 장면이 떠오르니?
- 어떤 부분이 가장 기억에 남니?

② 다시 한번 음악을 듣는다.

이때는 음악에서 신체표현할 요소를 집중하여 들어보게 한다. 예를 들어, 동요인 경우 가사를 주의 깊게 들어보도록 하고 고전 음악인 경우 빨라지는 부분, 큰소리가 나는 부분, 반복되는 부분 등을 집중하여 들어본다.

(2) 전개

① 음악을 다시 들으며 마음대로 신체로 표현해 본다.

- 음악을 들으며 떠오르는 대로 움직여보자.

② 작곡가, 음악이 만들어지게 된 배경 등을 소개한다.

③ 음악을 들으며 전체적인 분위기와 부분적인 느낌을 어떻게 표현해 볼 수 있는지 이야기 나누어 본다.

- 여기는 어떻게 움직이면 좋을까?

④ 음악을 들으며 그 느낌과 분위기를 몸으로 표현해 본다.

이때 다양한 스카프, 리본막대, 음악에 어울리는 것이면, 옷, 모자, 머리띠 등과 같은 도구나 소품를 이용하여 표현해 보도록 한다.

(3) 마무리

① 신체표현해 본 경험에 대한 느낌을 이야기 나눈다.

신체표현을 해 보니 기분이 어땠는지, 친구들과 무엇이 다르고 무엇이 같았는지, 그리고 무엇이 즐겁고 어려웠는지 소감을 나눈다.

4. 신체표현 활동의 실제

음악의 분위기에 맞춰 움직여요

활동목표

1. 음악을 듣고 느낌을 이야기할 수 있다.
2. 음악의 분위기에 맞춰 몸을 적절하게 움직여 본다.

준비물

모차르트 터키행진곡 피아노 음악

활동방법

1. 도입
   ① 모차르트 터키행진곡 음악을 들려준 후 느낌을 이야기한다.
   - 이 음악을 들으니 어떤 느낌이 나니?
   - 무엇이 떠오르니?
2. 전개
   ① 음악을 다시 듣고 음악적 요소를 찾아보고 이야기 나눈다.
   - 음악을 들으면서 기억에 남는 부분이 있니?
   - 어떤 부분이 가장 기억에 남니?
   - 반복되는 리듬을 찾을 수 있었니?
   ② 음악적 요소에 따라 어떻게 신체표현을 할지 이야기 나눈다.
   - 이 부분은 어떻게 움직이면 좋을까?
   ③ 음악을 들으며 자유롭게 신체표현을 해 본다.
   - 음악을 들으며 음악에 따라서 자유롭게 움직여보자.
3. 마무리
   ① 신체표현을 한 후 느낌에 대해 이야기한다.
   - 음악을 몸으로 표현해 보니 어땠니?
   - 어떤 부분이 재미있었니?
   - 나의 움직임과 친구의 움직임이 어떻게 달랐니?

'동물의 사육제' 중 '사자'를 감상하고 몸으로 표현해요

활동목표

1. 음악을 감상하며 아름다움을 느낀다.
2. 음의 세기, 높낮이, 빠르기에 관심을 갖고 감상한다.
3. 음악에 어울리는 사자의 움직임을 상상하여 표현해 본다.

준비물

'동물의 사육제' 중 '사자' 음악, 사자 가면

활동방법

1. 도입
   ① '동물의 사육제' 중 '사자'를 감상한다.
   - 이 음악을 들으니 어떤 느낌이 드니?
   - 어떤 동물을 표현한 걸까?
2. 전개
   ① 음악에 대해 소개한다.
   - 이 음악의 작곡가는 생상스라는 사람이란다.
   - 이 음악의 제목을 '사자'라고 붙였단다.
   - 사자를 나타내는 부분이 있었니?

   ② 사자의 모습을 생각하며 다시 음악을 들어본다.
   - 사자의 모습을 생각하며 다시 한번 들어보자.
   - 음악을 들으며 사자의 움직임을 생각해 보자.
   - 사자는 어떤 모습으로 움직이고 있을까?

   ③ 음악을 들으며 사자의 모습으로 음악의 느낌을 표현해 본다.
   - 이 부분은 사자의 어떤 모습을 표현한 걸까?
   - 사자가 되어 음악에 맞춰 움직여보자.
3. 마무리
   ① 신체표현을 한 후 느낌에 대해 이야기한다.
   - 음악을 듣고 몸으로 표현해 보니 어땠니?
   - 어떤 부분이 재미있었니?

낙엽 되어보기

활동목표

1. 고엽 음악의 느낌을 신체로 표현해 본다.
2. 낙엽의 움직임을 창의적으로 표현해본다.

준비물

고엽 음악자료

활동방법

1. 도입
   ① 가을 동산을 돌아보며 가을 나무와 낙엽을 관찰한다.
   - 가을이 되니 나무가 어떻게 변했는지 살펴보자.
   - 나뭇잎은 어떻게 변했니?

   ② 바람에 나뭇잎이 떨어지는 모습에 대해 이야기 나눈다.
   - 낙엽이 떨어지는 모습을 본 적이 있니?
2. 전개
   ① 나뭇잎의 모습을 신체로 표현해 본다.
   - 큰 나무에서 나뭇잎이 떨어지고 있어요.
   - 바람이 세게 불어 나뭇잎이 떨어지고 있어요.
   - 살랑살랑 가을바람에 나뭇잎이 떨어지고 있어요.

   ② 고엽 음악을 들어보고 느낌과 생각을 이야기해 본다.
   - 이 음악을 들으니 무엇이 떠오르니?
   - 이 음악의 제목은 고엽이란다.
   - 가을이 되면 나뭇잎이 나무에서 떨어져 누렇게 변하는데 이것을 고엽이라고 한단다.

   ③ 고엽 음악을 들으면서 나뭇잎의 모습을 표현해 본다.
   - 음악을 들으며 고엽이 되어서 자유롭게 표현해보자.
3. 마무리
   ① 음악을 들으며 느낌을 신체로 표현한 것에 대해 이야기 나눈다.
   - 낙엽이 되어본 느낌이 어땠니?
   - 무엇이 가장 재미있었니?

아기코끼리의 걸음마

활동목표

1. 음악에 어울리는 코끼리의 움직임을 상상하며 표현해 본다.
2. 음악을 감상하며 아름다움을 느낀다.

준비물

헨리멘시니의 '아기코끼리의 걸음마' 음원, 코끼리 움직임이 담길 동영상, 코끼리 코 가면

활동방법

1. 도입
   ① 동영상으로 코끼리의 움직임을 살펴본다.
   ② '아기코끼리의 걸음마' 음악을 들으며 느낌에 대해 이야기 나눈다.
   - 음악을 들어보니 어떤 느낌이 드니?
   - 어떤 모습이 생각나니?
   ③ 음악을 소개한다.
   - 이 음악은 헨리멘시니가 작곡한 '아기코끼리의 걸음마'라는 음악이란다.
2. 전개
   ① 아기코끼리의 움직임을 상상하며 다시 음악을 들어본다.
   - 아기코끼리는 어떻게 걸어갈까?
   - 음악이 빨라질 때는 아기코끼리가 어떻게 움직일 것 같니?
   - 음악이 느려질 때 아기코끼리는 어떻게 움직일까?
   ② 음악에 맞추어 아기코끼리가 되어 표현해본다.
   - 음악에 맞추어 아기코끼리가 되어서 움직임을 표현해 보자.
   ③ 코끼리 코 가면을 쓰고 다시 한번 음악에 맞추어 코끼리 움직임을 표현해 본다.
3. 마무리
   ① 음악을 들으며 아기코끼리의 움직임을 몸으로 표현해 본 느낌을 이야기 나눈다.
   - 음악을 들으며 아기코끼리의 모습을 표현해 보니 어땠니?
   - 어떤 부분이 재미있었니?

모두 다 뛰놀자

활동목표

1. 노랫말을 신체로 표현해 본다.
2. 노랫말에 따라 즐겁게 몸을 움직여 본다.

준비물

'모두 다 뛰놀자' 음원

그림자료 4장: 홉홉 뛰기, 훨훨 날기, 동동 구르기, 빙빙 돌기

활동방법

1. 도입
   ① 음악을 감상하고 느낌에 대해 이야기 나눈다.
   - 음악을 들어보니 어떤 느낌이 드니?
   - 어떤 노랫말이 나왔었니?

   ② 어떤 노랫말이 나오는지 집중하며 다시 한번 들어본다.
2. 전개
   ① 그림자료를 보며 움직임을 신체로 표현해 본다.
   - 홉홉홉 뛰어볼까?
   - 훨훨 날아가는 모습을 표현해 보자.
   - 동동 구르기는 어떻게 움직일까?
   - 빙빙 돌아보자.

   ② 노래를 듣고 노랫말에 맞게 신체표현을 한다.
3. 마무리
   ① 노랫말에 맞추어 신체표현을 한 느낌을 이야기 나눈다.
   - 노랫말에 맞체 신체표현을 해 보니 어땠니?
   - 어떻게 움직이는 것이 재미있었니?
   - 어떤 부분이 어려웠니?

확장활동

신체표현을 하는 다른 움직임을 찾아 노랫말을 바꾸어 보고 신체표현을 해 본다.

올챙이와 개구리

활동목표
1. '올챙이와 개구리' 동요를 듣고 자유롭게 몸으로 표현해 본다.

활동 자료
동요 '올챙이와 개구리' 음악자료, 올챙이와 개구리 사진자료

활동방법
1. 도입
   ① 올챙이와 개구리의 사진을 보며 이야기를 나눈다.
   - 나는 봄이면 잠에서 깨어나 팔딱팔딱 뛰어다니는 동물이에요. 나는 무엇일까요?
   - 나는 뒷다리가 쑤욱, 앞다리가 쑤욱 생겨나요. 나는 누구일까요?
2. 전개
   ① 감상곡을 소개하고 바른 자세로 들어본다.
   - '올챙이와 개구리'라는 노래를 바른 자세로 감상해 보자.
   - 바른 자세로 음악을 들으려면 어떻게 해야 할까?
   ② 감상곡을 듣고 난 후 느낌에 대하여 이야기 나눈다.
   - 이 노래는 어떤 느낌이니?
   - 노래의 어떤 부분이 생각나니?
   ③ 교사와 유아가 함께 가사를 살피며 다시 한번 노래를 감상한다.
   - 기억에 남는 말이 있니?
   - 어떤 부분을 몸으로 표현해 보면 좋을까?
   ④ 음악을 들으면서 신체적 표현활동을 유아들과 함께 다양하게 만들어 본다.
   - 우리 함께 율동을 만들어 볼까?
3. 마무리
   ① 마지막으로 음악을 감상하고 신체로 표현해 본 느낌을 이야기 나눈다.
   - 동요를 듣고 올챙이와 개구리의 움직임을 따라 해 보니 어땠니?

참고사항
- 올챙이와 개구리의 움직임의 강도를 조절하여 표현할 수 있다.
- 리본 막대, 색 스카프를 이용하여 느낀점을 표현하는 것도 가능하다.

탈춤을 추자

활동목표

1. 우리나라 전통음악의 아름다움과 흥겨움을 경험한다.
2. 전통적인 가락을 듣고 느낌을 신체표현 한다.

준비물

음악자료(이생강 한국민속무용곡 '탈춤'), 탈춤 동영상, 탈, 한삼

활동방법

1. 도입
   ① 음악을 감상하고 느낌을 이야기 나눈다.
   - 이런 음악을 들어본 적이 있니?
   - 음악을 들어보니 어떤 느낌이 드니?

   ② 탈과 한삼을 소개한다.
   - 이것은 무엇일까?
   - 이것을 본 적이 있니?
   - 이것은 언제 사용하는 걸까?
   - 이것은 어떻게 사용하는 걸까?
2. 전개
   ① 탈춤 동영상을 보고 탈춤 동작에 대해 이야기 나눈다.
   - 이것은 무엇을 하는 걸까?
   - 탈춤을 본 적이 있니?
   - 어떤 동작이 나왔니?

   ② 탈과 한삼을 착용하고 음악을 들으며 자유롭게 표현해 본다.
3. 마무리
   ① 탈춤을 신체로 표현해 본 느낌을 이야기 나눈다.
   - 탈춤 음악을 들으며 춤을 춰 보니 느낌이 어땠니?
   - 어떤 부분이 재미있었니?
   - 어떤 부분이 어려웠니?

Chapter 12 음악창작

1. 음악창작의 중요성

유아 음악교육은 노래 부르기, 감상하기, 악기 연주, 표현, 감상, 창작 등의 다양한 음악활동을 제공하여 유아가 스스로 다양한 감정을 경험할 수 있도록 하는 모든 여건과 환경을 의미한다(김영연, 2003). 음악창작은 유아가 놀이하는 과정에서 즉흥적으로 노래를 만들어 부르거나 악기를 자신의 방식대로 연주하는 등 자신의 음악적 아이디어를 음악적 개념과 원리를 적용하여 만들어내는 것으로 가장 적극적인 음악 활동이라고 할 수 있다.

유아교육기관에서 유아음악 교육활동의 실태를 살펴보면 대부분 단순한 노래 부르기 활동에 치우쳐 있으며 대부분의 연구에서 유아음악교육 활동을 노래 부르기, 음악 감상하기, 동작으로 표현하기, 악기 다루기로 범주화하고 있고 창작의 경우는 소홀히 다루어지고 있는 실정이다. 그러나 음악창작 활동은 음악 개념에 얽매이지 않고 다양한 시행착오적 표현을 해 보는 과정에서 점차적으로 음악의 구성이나 음악 개념을 자연스럽게 습득하게 되며 자연스럽게 창의성을 발현하는 기회를 경험하게 된다.

2013년부터 실시되고 있는 누리과정에서는 유아의 자율성과 창의성을 기르는 데 중점을 두고, 있으며 2019 개정 누리과정에서도 추구하는 인간상 중 '창의적인 사람', '감성이 풍부한 사람'을 제시함으로써 창의적 역량과 예술적 감성을 더욱 강조하고 있다.

음악에서의 창의성은 창조자로서 새로운 음악적 결과물을 만들기 위한 목적으로 적극적으로 소리를 구성하고자 하는 마음가짐을 의미한다

(Webster, 1992). 자신이 표현하고자 하는 아이디어를 음악으로 만들어서 표현하는 음악적 창의성의 발현 과정은 유아에게는 음악교육뿐만 아니라 자연스럽고 즐거운 창의성 교육이 될 수 있다.

2. 음악창작의 내용

음악창작은 단순히 새로운 음악을 작곡하는 활동만이 아니라 노래, 소리, 악기 등을 통해 다양한 방법으로 음악창작을 경험할 수 있다.

1) 소리 탐색을 통한 음악창작

유아에게 다양한 소리와 근원을 접할 수 있는 기회와 경험을 제공한다. 유아들과 함께 다양한 소리를 탐색하고 다양한 소리를 만들어 보고 이것으로 음악을 만들어보는 활동으로 연결한다.

2) 노래를 통한 음악창작

기존에 유아가 즐겨 부르는 노래의 노랫말, 리듬, 멜로디를 바꾸어 보거나 유아가 창작한 동시 또는 기존의 동시에 멜로디를 부쳐 노래를 만들어 볼 수 있다. 그림책의 이야기를 음악극으로 만드는 과정에서 등장인물의 대사에 멜로디를 붙여 노래로 만들어 본다.

3) 악기를 통한 음악창작

악기를 가지고 소리를 탐색하고 여러 음색을 만들어 본다. 리듬을 만들어 연주해보고 기존에 연주했던 연주방법을 바꾸어 연주해본다. 또 동화를 듣고 그 느낌을 악기의 소리로 표현하여 효과음을 만들어 보고 리듬 형태를 만들어 볼 수 있다. 특히 의성어 의태어가 많이 나오는 동화는 악기를 통한 음악창작 활동에 매우 유용하다.

3. 음악창작지도를 위한 교수학습 방법

1) 음악창작의 교수학습 방법

창작은 전혀 아무것도 없는 무(無)의 상태에서 유(有)를 만들어 내는 것이 아니라 기존의 것, 현재의 문제 등을 바탕으로 가치 있는 새로운 것을 만들어 내는 것이다. 음악의 창작이 이루어지기 위해서는 유아의 음악적 경험이 풍부하게 이루어질 때 창작하기 활동으로 확장할 수 있도록 빈번하게, 자발적으로 일어날 수 있다.

음악창작을 지원하기 위해 환경, 교사역할, 교수 매체에서 다음의 요소를 유의해야 한다.

첫째, 창작 활동을 허용하는 음악교육 환경을 조성한다.

음악창작은 유아를 수동적으로 음악교육에 참여하는 대상이 아니라 유아가 적극적이고 능동적으로 참여하는 과정에서 일어난다. 따라서 평소에도 유아가 자신의 생각과 감정을 표현할 수 있는 분위기를 조성되어야 한다. 음악교육에서도 다양한 교수 매체를 활용하여 노래, 리듬, 소리 등을 창작할 수 있도록 환경을 준비해주고 자유롭게 활동할 수 있는 허용적인 분위기가 만들어져야 한다.

둘째, 교사가 음악창작의 모습을 일상에서 보여준다.

유아의 음악창작은 모방에서 시작된다. 교사 일상생활이나 유아와 함께 하는 놀이 및 활동 상황에서 음악을 만들어 활용하는 모습을 보여준다. 예를 들어 평소에 교사가 전이 활동이나 대집단 활동 시간에 유아의 집중을 유도하기 위한 방법으로 교사의 말에 멜로디를 부치거나 리듬 악기를 연주하며 말을 하는 등의 모습을 보여줌으로써 유아의 음악창작의 시도를 좀 더 수월하게 만들어 준다.

셋째, 음악창작을 위한 단계적 교수 방법을 적용한다.

처음부터 동시를 주고 노래를 만들어 보게 한다거나 악기를 주고 리듬을 만들어 보게 하면 유아는 음악창작에 거부감을 갖게 될 것이다. 처음에는 노래 가사 일부나 멜로디 일부를 바꾸어 보고 점차 그 수준과 범위를 넓혀 가도록 하여 창작의 범위를 확장해간다.

넷째, 통합적 음악활동으로 계획하고 실행한다.

음악창작 활동은 다른 활동과 분리된 별도의 활동이 아니라 통합적인 결과로 나타난다. 노래부르기, 악기 지도, 음악 감상, 음악극의 활동과 연계하여 음악창작이 이루어지며 일상생활과 놀이 내에서도 자연스럽게 음악창작이 이루어질 수 있다. 교실이나 실외놀이터에서 놀이 규칙을 반복적으로 전달하기 위한 방법으로 규칙 노래를 만들어 사용할 수 있다.

(1) 노래 만들기

노래를 창작하기 위해서 멜로디, 리듬, 박자 등 음악적 요소에 가사를 붙여 만들어진다. 유아는 이러한 노래를 창작하기 위한 요소를 단계적으로 경험하도록 한다.

① 가사 바꾸어 부르기

유아들이 잘 알고 즐겨 부르는 노래에 다른 가사를 붙여보는 활동은 가장 쉽게 접근할 수 있는 음악창작활동이다. 특히 우리의 전래동요에는 에코 형식의 노래가 많이 있어 가사 바꿔 부르기에 매우 적합하다. 다음은 '나비야' 노래에 가사를 바꾸어 본 예이다.

<나비야 노래에 가사를 바꾼 예>

작자 미상
독일 민요

② 멜로디 바꾸어 부르기

유아가 즐겨 부르는 노래의 일부 멜로디를 바꾸어 부를 수 있다. 예를 들어 노래의 일부 멜로디 중 올라가는 멜로디를 내려오는 멜로디로 만들거나 또는 자유롭게 바꾸어 불러보게 한다.

③ 멜로디 창작하기

멜로디 창작하기는 유아가 즐겨 부르는 노래를 바탕으로 시작하는 것이 가장 쉽다. 동요의 리듬을 그대로 활용하고 선율을 바꾸거나 가사를 그대로 활용하여 나름대로 멜로디를 다시 만들어 보는 것이다. 유아의 생활 속에서 자주 하게 되는 간단한 대화에 멜로디를 부쳐보거나 교실 또는 실외놀이터에서 지켜야 하는 규칙에 멜로디를 만들어 노래로 규칙을 전달할 수 있다.

④ 노래 창작하기

가사와 멜로디 모두를 새롭게 창작하여 만들어보는 활동이다. 유아들과 동시 활동을 한 후 연계하여 멜로디를 부쳐보거나 그림책의 내용으로 가사를 만들어서 새로운 노래를 만들어 볼 수 있다.

<아기 돼지 삼 형제 그림책의 내용을 활용하여 노래 창작한 예>

출처: 김명정(2010).

(2) 리듬 만들기

리듬 만들기는 교사가 리듬악기로 단순한 리듬을 연주하는 것을 모방하는 것에서부터 시작한다. 어느 정도 익숙해지면 교사가 앞부분 리듬을 연주하고 다음 리듬을 만들어 보게 할 수 있다. 노래부르기나 음악 감상을 한 후 그 음악에 맞는 악기를 선택하고 어떤 리듬으로 연주 할 것인지 만들어 본다.

(3) 소리 만들기

교사 연주하는 것을 그대로 모방하거나 이어서 리듬을 만들어 보는 활동이 익숙해지면 교사가 연주한 것을 다른 방법으로 어떻게 연주할 것인지를 탐색하고 만들어본다. 즉 자신만의 소리를 창작해보는 활동이다. 유아들이 좋아하는 동화를 이용하여 효과음을 만들어 보는 소리 동화 만들기 활동으로 적용해 볼 수 있다. 유아가 익숙하고 좋아하는 동화를 소재로 등장인물에 어울리는 악기를 찾고 소리를 만들어 보고 연주해 본다.

2) 음악창작 지도시 고려할 사항

음악창작하기 지도에서 교사는 다음과 같은 점을 고려하여 진행한다.

첫째, 활동을 강요하지 않는다.

창작은 흥미와 호기심이 있을 때 새로운 것을 만들고 창안하게 된다. 새로운 음악을 만드는 것도 흥미와 즐거움을 잃게 되면 의미 없는 활동이 되므로 강요하지 않는다.

둘째, 모든 유아가 참여하지 않아도 된다.

음악 창안 활동을 모든 활동이 참여하고 결과물을 만들어야 하는 것은 아니다. 한두 명의 유아가 흥미를 갖고 음악을 만들고 부르는 모습을 또래가 보는 것만으로도 긍정적인 영향을 주게 된다. 또 친구가 만든 음악을 듣고, 노래를 같이 부르는 등 같이 참여하게 되는 것만으로도 충분하다.

셋째, 유아의 엉뚱한 시도나 결과를 인정하고 격려한다.

외형적인 결과보다는 새로운 시도를 했다는 것이 중요하다.

넷째, 유아의 창작물은 녹음하여 기록해준다.

유아가 창작한 음악을 듣고 웃는다거나 다시 해보라는 등의 반응은 유아가 음악 창작에 대한 자신감과 흥미를 잃게 만든다. 어떠한 형태의 음악이어도 유아가 시도한 것 자체를 인정하고 격려해준다. 또는 창작한 것을 녹음하거나 영상으로 기록하여 다시 회상하고 평가하는 자료로 활용한다.

3) 음악창작의 일반적 지도방법

유아가 즐겨 부르는 노래의 멜로디나 가사를 바꾸어서 새로운 노래를 창작해보는 활동을 중심으로 지도 방법을 알아보고자 한다.

(1) 도입

① 노래를 즐겁게 불러본다.

이때 노래는 유아들이 즐겨 부르는 노래이면서 멜로디와 가사가 단순한 것을 선정한다. 똑같아요, 뱅글뱅글 돌아서, 달팽이집, 그대로 멈춰라 등과 같이 단순한 멜로디와 가사가 노래 창작하기를 시작할 때는 적합하다.

② 가사와 관련하여 이야기 나눈다.

새로운 가사를 창작하기 위해서는 가사를 정확하게 이해하고 있어야 한다. 가사를 이해하기 위해 가사를 몸으로 표현해 보거나 게임을 해 볼 수 있다. 예를 들어 '똑같아요' 노래는 '같은 물건 찾기' 게임을 해 보거나 '달팽이 집'은 '점점 높게', '점점 낮게'를 신체나 도구를 이용해서 표현해 본다.

(2) 전개

① 노래의 가사를 바꿀 부분을 이야기 한다.

- 어느 부분의 노랫말을 바꾸어 볼까?
- ○○ 하면 무엇이 떠오르니?
- 어떻게 바꿔볼까?

② 새로운 노랫말을 넣어서 노래를 불러본다.

- 우리가 만든 노랫말로 노래를 불러보자.

③ 멜로디를 바꾸어 본다.

멜로디를 바꿀 때는 처음부터 멜로디 전체를 바꾸어 보게 하는 것보다는 멜로디의 일부를 바꾸어 볼러본다. 예를 들어 첫 번째, 두 번째 마디 멜로디를 교사가 불러주고 세 번째, 네 번째 마디를 유아에게 바꾸어 보도록 한다.

- 이 부분을 어떻게 바꾸면 좋을까?
- 바꾸고 싶은 부분이 있니?
- 빠르기를 빠르게(또는 느리게) 해서 불러보자.

④ 유아와 새롭게 만든 노래를 교사가 연주해주거나 육성으로 불러준다.

- 너희들이 완성한 노래를 들려줄게

⑤ 새롭게 완성된 노래를 함께 불러본다.

(3) 마무리

① 활동을 회상하고 평가한다.

- 노래를 만들어 불러보니 어떠니?
- 무엇이 재미있었니?
- 또 어떤 노래를 만들어보고 싶니?

4. 음악창작 활동의 실제

똑같아요 (노래 만들기)

활동목표

1. 노랫말을 바꾸어 노래를 부를 수 있다.
2. 제시된 리듬카드를 이용하여 리듬을 창작할 수 있다.
3. 리듬에 맞추어 손뼉치기, 무릎치기를 할 수 있다.

활동 자료

그림악보, 리듬카드(리듬의 일부를 비워둔 리듬카드), 그림자료

활동방법

1. 도입
   ① '똑같아요' 노래를 즐겁게 부른다.
   ② 그림 자료를 보고 같은 물건을 찾아본다.
2. 전개
   ① 똑같아요 노래의 가사를 같은 물건 찾기를 한 것으로 가사를 바꾸어 불러 본다.
   ② 그림 악보를 보면서 손뼉치기, 무릎치기로 연주해 본다.

③ 리듬카드를 보여주고 교사가 비워 둔 부분의 리듬을 유아가 만들어 본다.

④ 유아가 만든 리듬을 처음부터 무릎치기를 해본다.

⑤ 리듬치기를 하면서 새로운 가사의 '똑같아요' 노래를 불러본다.

3. 마무리

① 노래의 리듬과 가사를 바꾸어본 것에 이야기 나눈다.

똑같아요

윤석중 작사
외 국 곡

웃음

활동목표

1. '웃음' 노래의 노랫말을 바꾸어 본다.
2. 노래의 멜로디를 바꾸어 새롭게 만들어본다.

활동자료

노래 가사판, 녹음기

활동방법

1. 도입
   ① 웃음 노래를 즐겁게 부른다.
   ② 웃음 소리에 대해 이야기 나눈다.
   - ○○이는 웃을 때 어떤 소리가 나니?
   - 또 사람들의 웃음 소리에 어떤 것이 있을까?
2. 전개
   ① 노래를 다시 불러본다.
   ② 노래에 가사 중 웃음 소리를 바꾸어 불러본다.
   ③ 노래를 부르며 웃음 소리의 멜로디를 바꾸어 불러본다.
   ④ 노랫말과 멜로디를 바꾼 노래를 녹음하여 들어본다.
3. 마무리
   ① 멜로디와 가사를 바꾸어 노래를 불러본 소감에 대해 이야기 나눈다.

웃음

이계석 작곡

악기 연주

활동목표

1. 노래에 맞추어 즐겁게 악기 연주를 한다.
2. 악기 연주를 녹음하여 감상한다.

활동 자료

여러 가지 리듬악기, 녹음기, '작은 동물원' 노래 음원

활동방법

1. 도입
   ① 악기를 자유롭게 연주하며 소리를 탐색한다.
   - 악기를 연주해보자.
   - 좋은 소리를 내려면 어떻게 연주하면 좋을까?

   ② 악기를 연주할 때 지켜야할 약속에 대해 이야기 나눈다.
2. 전개
   ① 작은 동물원 노래를 부르며 악기를 연주한다.
   - 작은 동물원 노래에 어떤 악기가 어울릴까?
   - 리듬을 만들어 보자.

   ② 악기 연주 방법을 바꾸어서 연주해 본다.
   - 이 악기로 다른 소리를 낼 수 있을까?
   - 어떻게 연주하면 좋을까?
   - 이 부분은 어떻게 연주할까?
   - 새롭게 찾은 방법으로 연주하면서 노래를 불러보자.

   ③ 작은 동물원을 각자의 연주 방법으로 합주하고 녹음하여 감상한다.
   - 우리가 연주한 음악을 다시 들어볼까?
   - 우리의 연주를 들어보니 느낌이 어떠니?
3. 마무리
   ① 새로운 방법으로 악기를 연주해본 활동에 대한 소감을 이야기 한다.
   - 어떤 부분이 재미있었니?
   - 이 연주를 누구와 함께 듣고 싶니?

소리가 있는 동화

활동목표

1. 의성어와 의태어를 주변 사물의 소리로 만들어 본다.
2. 다양한 소리를 사용하여 동화의 효과음을 만들어 본다.

활동자료

동화 '오리가 태어났어요' 소리가 나는 주변 사물(종이, 색연필, 곡식류, 깡통, 패트병 등)

동화 '오리가 태어났어요'

엄마 오리가 알을 하나 낳았어요. 쏘옥~ 꽥
또르르르 알이 볏짚 속으로 굴러 들어갔어요.
톡톡톡 톡톡톡 오리알에서 소리가 나더니
아기 오리가 껍질을 깨고 머리를 쏘옥 내밀었어요.
아기 오리 눈은 반짝 반짝
아기 오리 입은 길쭉 엄마 닮았어요.
꽥꽥꽥꽥 아기 오리가 태어났어요.
엄마 오리가 기뻐서 소리치자
강아지가 멍멍멍 축하해요
닭이 날개를 흔들며 푸드덕푸드덕 축하해요
종장은 온통 축제 분위기였답니다.

활동방법

1. 도입
   ① '오리가 태어났어요' 동화를 듣고 이야기 나눈다.
   ② 동화 속에서 의성어와 의태어를 찾아본다.
      - 동물들은 어떤 소리를 냈니?
      - 움직이는 모습을 표현한 소리도 있었니?
2. 전개
   ① 동화에 나타난 의성어와 의태어를 사물 악기로 표현해 본다.
      - 여기 여러 가지 사물악기를 이용해서 동화 속에 나오는 소리를 표현해 보자.

- 쩍쩍은 어떤 악기로 표현하면 좋을까?
- 또르르르 알리 굴러가는 소리는 어떤 악기소리로 표현하면 좋을까?

② 교사가 동화를 들려주고 동화에 맞게 사물악기로 연주한다.

- 선생님이 동화를 다시 들려줄 테니 소리가 나오면 우리가 찾은 사물악기로 연주해 보자.

③ 다시 한번 연주하여 녹음한다.

3. 마무리

① 활동을 회상하며 평가한다.

- 동화에 나오는 소리나 행동을 사물악기로 연주해보니 어땠니?
- 친구들과 연주해 본 것 중에 바꾸어 보고 싶은 것이 있었니?

13 Chapter 음악극

1. 음악극의 이해

유아교육의 가장 두드러진 특징은 통합적 경험을 통해 학습의 질을 높일 수 있는 교육 활동을 강조하는 것이다. 이러한 유아교육의 경향과 더불어 유아 음악교육에서도 음악 내용 간, 예술 영역 간, 교과 영역 간의 통합적인 접근 방법의 적용은 중요하다.

2013년 누리과정 이후 5개 영역 중 예술경험 내용 안에서도 '통합적으로 표현하기'가 강조되고 있다. 통합적으로 표현하기의 대표적인 방법이 음악극이라 할 수 있다. 음악극은 드라마, 음악, 동작, 그리고 미술이 자연스럽게 통합되어 있기 때문에 다양한 음악적 경험, 미술적 경험뿐만 아니라 창의적이고 정서적인 경험들이 통합되어 있는 이루어진다.

음악극이란 유아의 흥미, 발달 수준에 맞는 다양한 삶의 이야기를 중심으로 언어, 음악, 신체표현이 자연스럽게 결합된 통합적인 교육활동으로써 동화의 내용과 인물 분석하기, 노래 부르기, 신체표현하기 등과 결합된 통합적인 교육활동이다(이효숙, 2001). 따라서 음악극은 이야기의 줄거리를 노래로 전달하고, 신체표현과도 통합적으로 이루어지는 과정에서 음악교육 내용인 감상하기, 노래 부르기, 악기 다루기, 동작 표현하기, 음악창작하기 등이 자연스럽게 통합적으로 연계된다. 음악극은 이야기, 노래, 음악, 동작, 창작 그리고 미술 등의 예술영역이 통합적으로 구성되며, 음악극 통해 음악을 듣고 노래하고 연주하며 다양한 신체동작을 탐구하고 인물의 성격에 맞게 신체표현을 하며 의상과 소품을 사용하며 무대배경을 꾸미는 미술

활동에도 참여하게 된다. 이러한 과정에서 유아는 의사소통능력, 협동심, 상상력과 창의력을 기르게 된다.

음악극의 교육적 효과를 제시하면 다음과 같다.

첫째, 음악극은 통합적 활동을 통해 유아들의 음악적 능력이 향상된다.

음악적 능력은 모든 유아가 보편적으로 보유하고 있는 능력으로 음악적 환경 제공과 교육적 뒷받침을 통해 발달이 가능하다(Gembris, 2002). 이러한 음악적 능력은 음악적 통합 영역을 경험하는 과정에서 음악적 개념을 인식하고 구별하게 되므로 음악적 능력이 향상된다. 음악극은 음악교육 내용인 감상하기, 노래 부르기, 악기 다루기, 신체 표현하기, 음악만들기 등이 연관 지어 구성되는 통합적 과정으로 음악적 능력 향상에 효과적이다.

둘째, 음악극은 신체표현하기, 동작 만들기 활동 등을 통해 유아들의 신체발달에 도움이 된다.

유아는 음악적 느낌을 신체의 움직임을 통해 표현하기도 하고 극의 내용을 전달하기 위해 대사뿐만 아니라 다양한 움직임의 동작을 사용하게 된다. 음악극에서 동작은 극의 전개 과정을 전달하는 중요한 도구가 되며, 음악적 표현과 신체표현을 통합적으로 하게 함으로써 이러한 음악극에 참여하는 유아들의 신체적 발달을 촉진시켜 주는 효과도 있다.

셋째, 음악극은 감정 이입 경험을 통해 유아들의 공감 능력을 향상시킨다.
음악극 활동은 유아들이 협동하여 음악극을 만드는 과정이므로 타인을 생각하고 배려하는 기회를 제공받게 된다. 또한 등장인물의 역할을 맡아서 해보는 가운데 인물들과의 관계를 이해하고 상호작용을 통해 타인에 대한 이해가 가능해진다. 음악극에서 등장인물의 역할을 경험해보고 직접 연기해 봄으로써 타인에 대한 감정이입과 공감 능력을 정진시킬 수 있다.

넷째, 유아들이 음악활동에 즐겁게 참여하여 다양한 표현활동을 해봄으로써 풍부한 정서를 경험할 수 있다.

음악극은 환상적인 등장인물과 함께 자신들의 상상과 현실의 삶에 대한 이야기를 노래하고, 춤추고, 웃으면서 표현하여 자연스럽고 즐겁게 그들의 경험을 간접적으로 체험하게 된다. 그 과정에서 함께하는 즐거움과 음악 자체에 대한 만족감을 주고 노래, 리듬을 통해 자신을 자유롭게 표현하게 함으로써 유아의 마음속에 내재되어 있던 긴장과 갈등 해소에 도움을 준다.

다섯째, 음악극을 함께 만들어 과정을 통해 친사회적 행동을 증진시킨다. 유아가 또래와 협동하며 음악극의 배역을 정하고, 소품을 만들고, 무대 장치를 꾸미고, 공연을 하면서 또래와의 의견을 존중하고 조율하며 양보하는 경험을 통해 자신의 감정과 행동을 조절하고 타인의 의견을 수용하는 과정에서 협동적 상호작용의 경험을 할 수 있게 된다.

2. 음악극의 내용

음악극의 주제는 유아가 공감하고 흥미를 느낄 수 있고 교육적이 될 수 있는 내용으로 구성한다. 또 유아가 즐겁게 노래 부르며 쉽게 참여하고 즐거워할 수 있어야 한다.

음악극을 계획하고 실제로 공연을 위해 준비하고 공연하는 과정을 통해 음악감상, 노래부르기, 악기 연주하기, 신체표현, 음악창작 등 음악교육 내용을 통합적으로 경험하게 된다. 또한 공연을 준비하고 실행하는 과정에서 미술, 의사소통, 협력, 문제해결의 경험을 포함한다.

1) 토의하기

음악극을 계획하고 준비하는 과정, 즉 이야기 정하기, 노랫말 만들기, 역할 정하기, 배경음악 정하기 등 전체 과정은 유아들이 능동적으로 토의하여 결정하고 만들어가는 과정이다.

2) 노래부르기

음악극 구성에 맞게 동화의 내용을 다시 구성하여 동화의 장면과 연결된 노래를 다양한 방법으로 부른다. 음악적인 요소인 리듬, 박자를 다양하게 탐색하고, 다양한 악기를 가지고 노래를 부른다.

3) 음악 감상

음악극에 사용될 노래, 배경음악을 정하기 위해 유아는 다양한 음악을 감상하게 된다. 음악극은 동요, 만화 주제곡, 클래식 등 여러 장르의 음악을 사용할 수 있다. 교사는 음악극에 적절한 음악을 몇 개 선정하여 유아들이 감상하고 유아의 의견을 반영하여 결정할 수 있도록 한다.

4) 신체표현

등장인물들에 대해 신체표현을 좀 더 구체적으로 탐구하고 표현해 본다. 등장인물들이 화가 났을 때, 겁이 났을 때, 겁을 줄 때 등의 신체표현이나 표정을 장면에 보다 적합하게 표현해 본다.

5) 악기연주

모든 음악극에 직접 악기를 연주하는 것은 아니지만 간단한 리듬악기로 음악 효과를 줄 수 있다. 음악극의 재미를 높이기 위해 어떤 악기를 어떻게 사용할 것인지를 결정하고 악기를 연주를 포함시킨다.

6) 만들기 및 꾸미기

음악극에 사용되는 소품으로는 어떠한 것이 필요하고, 무엇으로 만들 수 있는지를 토의한 후 만들 작품과 재료를 결정하여 작업한다. 예를 들어, 포스터나 무대의상, 무대배경을 만들고 꾸미게 되며 유아가 창의적으로 참여할 수 있도록 재료나 환경을 지원한다.

3. 음악극을 위한 교수학습방법

음악극은 충분히 유아들의 동기를 유발시키고 유아가 자신이 맡은 배역에 호감을 갖고 배역을 하고 싶은 마음이 생기도록 해야 하며, 지루하거나 어렵다고 느끼지 않도록 세심한 지도가 필요하다.

1) 음악극 지도방법

음악극을 준비하는 전 과정에서 교사는 유아의 음악적, 미술적, 언어적, 신체적, 연출적 표현활동을 적극적으로 유도하여 유아 스스로 자발적이고 창의적인 표현활동이 될 수 있도록 한다. 또한 대본 만들기, 역할 정하기, 노랫말 만들기, 소품과 무대배경 만들기, 동작 만들기 등의 활동에서 유아들이 서로 토의하고 협력하여 결정하고 만들어 갈 수 있도록 이끌어준다. 무엇보다도 교사는 유아에게 음악극의 결과보다는 만들어 가는 과정에 직접 참여함으로써 음악에 대한 통합적 경험과 서로 협력하고 토의하여 함께 만든 결과에 대한 성취를 경험하도록 이끌어주어야 한다.

음악극은 주제를 정하고 계획하는 단계, 이야기를 이해하는 단계, 대본을 만드는 단계, 역할을 정하는 단계, 노래, 악기, 감상 등 음악 활동 단계, 무대준비 관련 미술활동 단계, 역할 연습 단계, 총연습 단계, 공연하기 단계, 평가하기 단계로 나누어 볼 수 있었다(안혜정, 2019). 여기에서는 음악극 계획하기, 준비하기, 리허설하기, 공연 및 평가하기 단계로 나누어서 지도방법에 대해 살펴보겠다.

(1) 음악극 계획하기

① 유아들의 관심과 흥미 자극할 수 있는 이야기를 선정한다.

음악극의 이야기는 무엇보다도 유아에게 흥미롭고 친숙하며 발달수준에 맞는 내용이어야 한다. 음악극 이야기는 기존의 동화를 활용할 수도 있고 어떤 주제를 가지고 유아들과 함께 이야기를 창작하여 선정할 수도 있다. 동화는 유아에게 친숙하고 흥미롭기 때문에 음악극의 내용으로 적합하다. 또한 음악극의 내용은 전체 교육과정의 생활주제와 연관성을 갖는 것이 좋다. 선정된 음악극은 유아의 흥미와 요구를 고려하고, 생활주제 중심의 내용에 근거해서 융통성 있게 그 내용을 변화시킬 수 있다. 음악극 소요시간이 20분 이상 넘지 않는 것이 좋다.

② 이야기의 내용과 등장인물을 이해하는 활동을 한다.

이야기를 반복적으로 읽어주고 그림자료로 만들어 언어영역에 배치하여 자주 이야기를 접할 수 있도록 하여 인물들의 성격, 느낌, 정서 등을 이해할 수 있도록 한다.

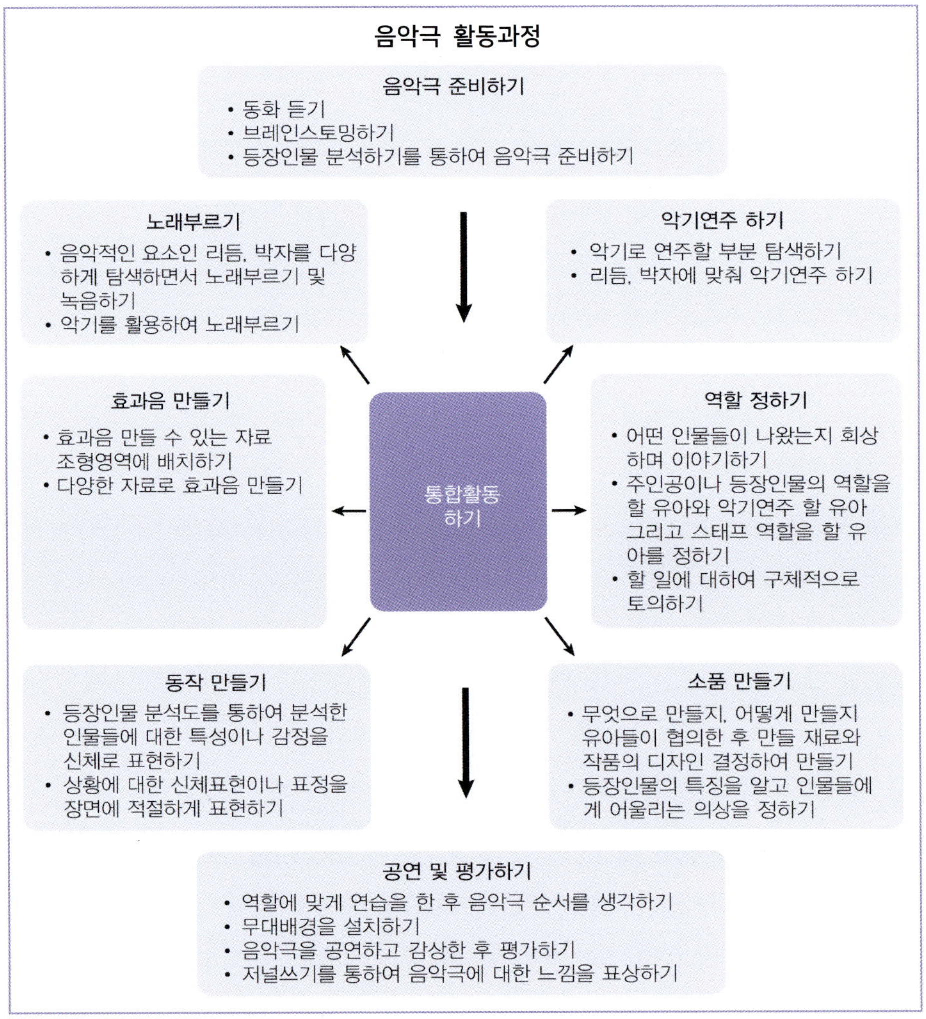

출처: 장은희(2007).

(2) 음악극 준비하기

① 대본 만들기

유아가 동극의 경험이 없다면 대본은 어떻게 만들어야 하는지 기존의 대본을 보고 놀이해 볼 수 있도록 자료를 제공하여 대본의 형태를 이해할 수 있도록 한다. 그 이후에 결정한 이야기로 대본을 만들 때 유아의 능동적으로 대본을 만들 수 있도록 안내한다. 대본은 이야기의 흐름에 따라 줄거리 전체를 가지고 만들 수도 있고 유아들이 가장 재미있어하는 극적인 부분만을 가지고 대본으로 만들 수도 있다.

② 역할 정하기

역할 정하기는 진행과정에서 많은 관심을 보이는 단계이다. 음악극의 역할에는 무대에서 공연을 하는 사람도 필요하지만 악기 연주, 무대 담당, 의상 담당, 포스터 및 초대장 담당, 촬영 담당 등 준비와 공연을 도와주는 스태프의 역할도 중요하다. 역할을 구체적으로 정하고 무엇을 해야 하는지 토의하고 안내하며, 어느 역할이 좋고 나쁜 역할로 생각하지 않도록 세심한 지도가 필요하다.

③ 음악 정하기

음악극에서 어떤 종류의 음악을 사용할 것인지를 결정한다. 유아들이 알고 있고 즐겨 부르는 동요나 전래동요를 개사하여 사용하거나, 만화주제가나 애니메이션 OST에서 발췌하여 사용할 수 있다. 또 몇 개의 음악은 유아들이 직접 노래를 만들어 사용할 수도 있다.

④ 노랫말 만들고 익히기

음악극은 동극과 달리 대사를 노래로 전달하는 것이다. 대본에서 노래로 부를 것을 정하고 원곡의 특징에 맞게 적절히 구성하여 노랫말을 만든다. 노랫말 만들기는 대본의 내용과 함께 음악의 운율적인 흐름도 감안하여야 하므로 교사의 역할이 특히 중요하다(안혜영, 2019).

⑤ 악기 연주하기

교사는 유아가 선호하는 악기를 선택할 수 있도록 하고 각자의 악기가 정해지면 리듬악보를 제시하여 언제, 어떤 악기를, 어떻게 연주해야 하는지 알려준다. 교사는 산만한 유아에게는 정확한 리듬을 연주해야 하는 악기를 나눠주어 활동에 집중할 수 있게 하며, 소극적인 유아에게는 큰소리가 나는 악기를 주어 마음껏 표현해 보도록 한다 (장은희, 2007).

⑥ 배경음악 선정하기

음악극은 무대에서 보여지는 드라마이기 때문에 극적인 상황을 살려야 하거나 장면을 전환해야 할 때 사용할 음악이 필요하다.

⑦ 무대와 무대 소품 정하기

유아들에게 필요한 소품의 종류, 수량에 대해 확인하고 유아들과 함께 미술영역에서 만들기를 한다.

⑧ 초대하기

음악극의 준비가 끝나면 누구를 초대할 것인지를 유아들과 협의하여 결정한다. 부모뿐만 아니라 유치원의 선생님이나 다른 반 친구들을 초대할 수도 있다. 초대할 대상이 결정되면 음악극 주제, 공연장소, 공연 시간, 출연 및 연출자 등을 기록하여 초대장, 입장권, 포스터 등을 만들고 유아들이 적극적으로 초대할 수 있도록 격려한다.

(3) 공연 연습하기

각자의 역할과 역할에 맞는 동작이 만들어지면, 직접 무대에서 공연하는 것과 같이 음악극을 연습해 본다. 연습을 하면서 만든 동작을 수정할 수 있으며 이때 교사는 유아의 생각과 감정을 존중해 주어 능동적이고 창의적인 표현이 나올 수 있도록 이끌어 준다.

(4) 공연 및 평가하기

① 공연하기

음악극 계획부터 준비, 공연하기까지 약 한 달간의 기간이 소요된다. 그동안 준비해온 음악극을 드디어 보여주는 것이므로 유아들은 긴장 속에 공연이 이루어진다. 공연은 결과보다는 그동안 각자의 역할에서

최선을 다해온 과정에서 보람과 성취를 느낄 수 있도록 지도하고 격려해야 한다.

② 평가하기

공연하는 동안 사진과 동영상으로 기록하여 회상과 평가 자료로 활용한다. 동영상을 보며 재미있었던 점, 아쉬웠던 점, 바라는 점 등을 이야기 나누고, 그림이나 글로 표현해 본다.

표 13-1 '숲속의 이야기' 유아 음악극 수업활동 과정

단계	활동과정	활동내용
계획 하기	동화감상	동화감상 전에 숲에서 경험한 내용을 회상한 후 '숲속의 이야기' 동화를 대그룹으로 감상하기
	음악극계획	동화 속 등장인물들의 노래로 대사 표현하는 '숲속의 이야기' 음악극동화 감상하기
		'숲속의 이야기' 음악극 실시방법 토의를 하며 음악극 계획 세우기
	등장인물탐구	동화내용을 회상하며 '숲속의 이야기' 동화에 등장하는 동물 및 자연환경 찾기
		유아들의 경험을 연결 지으며 '숲속의 이야기' 동화에 등장하는 동물 및 자연환경의 특성 알기
	노래 듣기	'숲속의 이야기' 동화 속 인물의 노래 듣기
실행하기	노래 배우기 및 악기 연주	'숲속의 이야기' 노래 배우기를 반복하여 부르기 및 녹음하여 듣기 1. 바람 따라 2. 숲속 친구들 3. 숨바꼭질 4. 나처럼 해봐라
		'숲속의 이야기' 노래부르기와 어울리는 악기연주하기 - 레인보우 쉐이커 외 7종의 악기 소개하기
	인형극놀이	'숲속의 이야기' 동화 속 이야기를 놀이시간에 소그룹으로 인형극 표현하기
	역할정하기	'숲속의 이야기' 음악극을 하기 위한 등장하는 동물 역할을 정하기 - 다람쥐, 개구리, 산새
	소품, 의상, 무대 준비하기	'숲속의 이야기'에 필요한 소품과 의상을 정하고 협력하여 무대를 창의적으로 만들기
	대사 정하기	'숲속의 이야기' 등장인물의 대사, 표정 정하기
	동작으로 표현하기	'숲속의 이야기' 등장인물 움직임을 신체놀이로 즐기기 무대 위에서 동선을 정하여 움직임을 표현하기
	연습하기	'숲속의 이야기' 배역의 노래, 대사, 움직임 연습하기
공연 및 평가하기	공연하기	공연무대에서 즐기기 및 연습하기 초대장을 만들어 관객을 초대하고 공연하기
	평가하기	동영상으로 공연장면을 보면서 느낌 나누기, 저널쓰기

출처: 조유리(2016).

2) 음악극 지도 시 고려할 사항

① 음악극은 행사 시 발표용이 아니라 정규 교육과정의 일부로 진행한다.

음악극은 학기 말에 재롱잔치식의 발표용으로 실시되는 경우가 많다. 그러나 음악극은 교육활동의 일환으로 인식되고, 유아교육기관에서 진행되는 교육과정의 하나로 실시되어야 한다(심성경 외, 2012).

② 음악극 활동은 통합적으로 구성한다.

음악극 활동은 모든 교과영역이 통합되어 있는 활동이므로 전체 교육과정의 주제를 중심으로 다른 교육과정 영역의 활동과 연관지어 통합적으로 계획되고 실시되어야 한다.

③ 하나의 음악극은 계획부터 공연까지 한 달 정도가 적합하다.

음악극은 통합적 활동으로 장기적인 프로젝트로 진행할 때 보다 효과적인 음악교육으로 전개할 수 있다. 정규 교육과정 활동에 영향을 주지 않도록 하기 위해서는 한 달 정도가 적합하다.

④ 유아의 생각을 가능한 한 존중하고 수용한다.

예를 들어, 동작을 만들거나 소품을 만들 때는 유아들의 생각을 중심으로 만든다. 이는 유아에게 활동에 대한 흥미를 높여주고, 능동적인 참여를 지속하는 동기가 되며, 자긍심을 길러줄 수 있다.

⑤ 가능한 한 많은 유아가 역할을 맡아 참여할 수 있도록 한다.

한두 명의 유아가 주인공으로 한정되기보다는 많은 유아가 참여할 수 있도록 등장인물이 많은 것이 좋다. 음악극에 참여하는 유아의 수가 등장인물보다 많을 경우에는 동일한 등장인물을 늘린다. '늑대와 일곱 마리 아기양'이나 '브레멘 음악대'는 등장인물이 많고, 등장인물의 수를 많이 늘릴 수 있는 좋은 예이다.

⑥ 모든 유아가 참여할 수 있도록 유도한다.

내성적이거나 소극적인 유아는 음악극에 강제로 참여시키지 않고, 친구와 동일한 역할을 주거나, 소품의 역할을 하게 한다. 예를 들어, '브레멘 음악대'의 경우에 말의 역할을 두 명으로 짝을 이루게 한다든지, 무대 위의 나무와 같은 소품의 역할을 하게 한다.

3) 음악극의 일반적 지도방법

음악극 활동은 하루에 이루어질 수 없으며 약 한 달의 기간 동안 진행하며 다음과 같은 과정을 통해 서서히 준비할 수 있도록 지원한다.

(1) 도입(준비)

① 음악극을 계획한다.
음악극을 직접 관람하거나 비디오 자료를 감상하고 음악극을 하기 위해 세분적으로 필요한 활동이 무엇인지 알아본다. 유아들이 주도적으로 무엇을 준비해야 하는지 계획하고 결정할 수 있도록 한다.

② 동화를 감상하고 선정한다.
음악극에 적합한 동화 2~3개를 감상한 후 유아들과 협의하여 선정한다.

③ 음악극 노래를 익힐 수 있도록 자유롭게 여러 번 듣고 부른다.

(2) 전개

① 노래를 다양한 방법으로 배우고 등장인물의 역할과 상황에 적당하게 불러본다.

② 음악극에 필요한 소품을 알아보고 소품을 준비한다. 소품만들기는 자유놀이 시간을 활용하여 진행한다.

③ 음악극의 등장인물의 역할과 스태프의 역할을 정한다. 두 조로 나누어 한 조는 공연을 맡고 한 조는 스태프로 맡아 공연 준비를 하도록 한다. 맡은 역할에 대해 구체적인 계획을 하고 필요한 것을 자유놀이나 소그룹활동으로 진행한다.

④ 음악극에서 역할을 맡은 유아들은 노래와 대사를 녹음한다.

⑤ 노래를 부르면서 등장인물의 성격과 감정, 상황에 맞게 신체로 표현해보고 동작을 결정한다.

⑥ 무대 배경을 협의하고 함께 꾸며본다. 4주차경에 이루어지는 것으로 유아가 만든 소품과 포스터 등을 이용하여 무대를 꾸민다.

⑦ 무대를 구성한다.

⑧ 무대에서 녹음한 노래를 활용하여 연습해본다.

⑨ 공연에 필요한 포스터, 초대장, 입장권 등을 준비한다. 포스터는 협동 활동으로 진행하며, 공연에 누구를 초대할지 결정하며 미술영역에서 초대장을 만든다.

⑩ 공연을 한다. 이때 한 조가 공연하면 다른 조는 스태프의 역할을 하고 바꾸어서 다시 해보도록 한다.
공연은 사진, 동영상을 촬영하여 이후 함께 시청하거나 평가에 활용한다.

(3) 마무리

① 비디오로 촬영한 영상을 보면서 재미있게 표현된 점, 아쉬웠던 점, 기억나는 점 등을 이야기 나눈다.

② 부모나 다른 반 친구들을 초대하여 공연하였다면 감상한 느낌을 인터뷰하여 들어본다.

4. 음악극 활동의 실제

음악극 1 – 모자 장수 아저씨

활동명	모자 장수 아저씨	주제	여름

활동목표
- 다른 사람의 표현과 생각을 존중하며, 바르게 관람하는 태도를 기른다.
- 동화의 내용을 이해하고, 노래극으로 표현할 수 있다.

활동내용	자료 및 유의점
준비 활동 1. 음악극 관련 원곡 배우기 • 시장잔치(김성균 곡), 나처럼 해 봐요 (작자 미상) 노래를 배운다. • 아기코끼리 걸음마(헨리 멘시니 곡)를 듣고 감상한다. - 이 곡을 들어본 적이 있나요? - 어떤 느낌이 들었나요?	• 가사판, • '아기코끼리 걸음마' 음악준비(원숭이들이 입장할 때 배경음악으로 사용)
사전 활동 1. 동화 듣기 • PPT 그림동화 자료를 이용하여 동화를 들려준다. 2. 동화 회상하기 • 동화를 들은 후 동화 내용에 대하여 이야기를 해 본다. - 동화에 등장한 주인공은 누구, 누구였나요? - 모자 장수 아저씨는 어떤 색깔 모자들을 가지고 있었나요? - 아저씨의 모자는 누가 가져갔나요? • 등장인물의 특징에 대해 알아본다. - 아저씨의 화난 모습을 보고 원숭이들은 어떻게 했나요? • 음악극에 맞추어 동작으로 표현해본다. - 원숭이들이 등장할 때는 어떤 율동을 하며 좋을까요? - 화난 아저씨의 모습을 어떻게 표현하면 좋을까요? - 아저씨가 나무에서 떨어질 때 어떤 소리를 내면 좋을까요? 3. 노랫말 바꿔 부르기 • 노래를 개작하여 배운다. • 동화의 장면을 생각하며 노래를 배운다. 4. 미리 연습하기 • 동화를 회상하며, 모든 유아가 등장인물의 특징과 음악극 노래, 동작을 표현한다.	• PPT 그림동화, 모자 5개(빨강, 주황, 노랑, 갈색, 흰색) 테이프(아기코끼리 걸음마), 카세트, 개사된 노래 악보, 가사판 • 심벌즈를 이용해 아저씨가 떨어지는 장면에서 효과음을 넣어준다. • 가사판
본 활동 1. 소품 및 배경 만들기 • 당나귀, 주인, 멍멍이, 고양이, 꼬꼬닭, 소리들의 의상 및 음악극 배경에 필요한 소품을 준비한다.	• 당나귀, 주인, 멍멍이, 고양이 등 등장인물의

- 당나귀는 어떤 옷을 입으면 좋을까요? - 소리들은 어떤 그림의 머리띠를 할까요? - 통나무집은 무엇을 이용해서 만들까요? - 유치원에 있는 소품을 이용하여 배경을 꾸민다. 2. 역할 정하기 • 등장인물과 스텝을 나눈다. - 누가 당나귀의 역할을 하면 좋을까요? 3. 음악극 하기 • 유아들과 함께 배경을 세우고 무대를 꾸민다. • 자신이 맡은 역할을 소개한 후, 각자의 위치로 간다. • 음악극을 한다. 4. 재미있는 점, 보완할 점, 개선할 점 찾기 - 음악극을 하면서 어려웠던 점은 무엇이었나요? - 혹시 바꾸고 싶은 부분이 있었나요? 5. 역할 바꿔 음악극 하기 • 역할을 바꿔 다시 공연을 한다. 6. 음악극 평가하기 • 음악극을 마친 후 느낀 점을 이야기 나눈다. • 어떤 점이 재미있었나요? • 더 재미있게 하려면 어떻게 하면 좋을까요?	소품과 배경 만들기에 필요한 재료 준비 • 역할판 • 신호악기(트라이앵글) • 돌멩이 머리띠, 다리, 통나무집, 동물 머리띠, 작은북, 캐스터네츠, 탬버린, 트라이앵글, 소꿉놀이용 음식 • 교실 4면을 이용하여, 배경을 세운 후, 시계 방향으로 장면을 이동한다.
사후 활동 1. 리듬악기 연주하기 • 음악극에 사용된 악기를 이용하여, 리듬합주를 연주하는 음악회 시간을 계획할 수 있다. 2. 모자 장수 아저씨에게 편지쓰기 • 노래극이 끝난 후 유아들과 함께 아저씨의 마음이 어떠했을지 생각해 보게 한다. • 아저씨가 어떤 기분이었을지 생각해 보고, 아저씨에게 하고 싶은 말을 편지로 써 보도록 한다. 3. 원숭이 모자 씌워주기 • 활동지를 보며 어떠한 모양의 모자가 있는지 살펴본다. • 네 마리의 원숭이에게 어떤 모양의 모자를 씌워주고 싶은지 이야기해 본다. • 아랫부분의 네모 칸에 있는 모자를 오려서, 원숭이 머리 위에 풀로 붙여 준다.	• 탬버린, 트라이앵글, 캐스터네츠, 작은북 • 활동지, 싸인펜, 색연필 • 활동지, 싸인펜, 색연필, 가위, 풀

[줄거리] 모자 장수 아저씨

옛날옛날에 이 마을 저 마을로 모자를 팔러 다니는 아저씨가 있었어요. 아저씨는 산 너머 저편 마을로 모자를 팔러 가는 길이었어요. "아이구 다리야. 좀 쉬었다 가자." 아저씨는 커다란 나무 그늘아래 풀숲에 앉아 잠깐 쉬었어요.

아저씨는 땀을 닦으며 가지고 있는 모자가 그대로인지 자기 머리 위에 차곡차곡 쌓아 올렸어요. 모자가 모두 그대로인 것을 확인한 아저씨는 시원한 바람이 불어오자 그만 깜빡 잠이 들었어요. 그때 여러 마리의 원숭이들이 나타나, 잠든 아저씨의 머리 위에서 모자를 가져가기 시작했어요.

원숭이들은 아저씨의 모자를 가져다가 머리에 쓰고 던지며, 자기들끼리 신나게 놀았어요. 그래도 아저씨는 전혀 눈치채지 못한 채 잠만 잤어요.

한참 동안 잠에 빠져 있던 아저씨가 깨어나서 "아~함 잘 잤다. 이제 한숨 잘 잤으니, 다시 모자를 팔러 나가볼까?"

머리를 더듬던 아저씨는 깜짝 놀라고 말았어요. "앗! 내 모자가 하나도 없네…"

아저씨는 해님에게 가서 누가 모자를 가져갔는지 물어봤어요, 나무와 숲에게 모자를 누가 가져갔는지 물어봤어요. 그러나 모두들 모른다고 했어요.

그때 머리 위에서 무슨 소리가 들려왔어요. '깩깩깩! 캭캭캭!' 나뭇가지에서 원숭이들이 모자를 쓰고 이리 뛰고 저리 뛰고 야단이었어요.

"이봐, 모자를 돌려줘! 빨리 돌려달란 말이야!" 아저씨는 화가 나서 큰소리로 외쳤어요. 하지만 원숭이들은 아저씨가 하는 모습을 그대로 흉내 내며 장난만 쳤어요.

"아이참 약 올라라." 아저씨는 나무 위로 올라가 모자를 되찾으려고 했어요.

하지만 '꽈당!' 엉덩방아를 찧고 말았어요. 그러자 원숭이들은 엉덩방아 찧는 흉내를 내며 '킥킥킥! 하하하!' 마구 웃어 댔어요 .

아저씨는 어떻게 하면 원숭이들이 가져간 모자를 찾을 수 있을지 생각했어요.

바로 그때 좋은 생각이 떠올랐어요.

아저씨는 몹시 화가 난 것처럼 머리에 쓰고 있던 모자를 땅바닥에 내동댕이쳤어요. "아이구 머리야!" 그러자 원숭이들도 모두 따라서 쓰고 있던 모자를 땅바닥에 내동댕이쳤어요. "아이구 머리야"

그 순간 모자가 한꺼번에 '우두둑 우두둑' 땅으로 떨어졌어요.

아저씨는 배를 잡고 웃으며, 땅에 떨어진 모자를 모두 주워, 다시 모자를 팔러 길을 떠났어요.

*출처: '모자 장수와 아저씨', 김태련 펴낸이, 한국어린이육영회.

[대본] 모자 장수 아저씨

- 등장인물 : 해설자, 알림이, 아저씨, 원숭이, 나무, 해님, 숲, 소리들
- 배 경 : 큰 나무, 시냇물, 숲, 해님(한 무대에 모두 배치)
- 소 품 : 나무, 수풀, 해님 머리띠, 시냇물 그림, 여러 가지 모자 5개, 심벌즈, 작은북

• 장면 – 숲속

알림이 : 지금부터 모자 장수 아저씨의 음악극을 시작합니다.
해 설 : 옛날옛날에 이 마을 저 마을로 모자를 팔러 다니는 아저씨가 있었어요.
(노래를 한다)

6모자 모자가 나-왔어요 예쁘고 시원한 모자예요.
모자 모자가 나-왔어요 여러 색깔 모자가 다-있어요.
내일은 못사요 빨리빨리 사-가세요.
내일은 못사요 다 떨어집니다.

아저씨 : 오늘은 모자를 한 개도 팔지 못했네. 아이구 다리야 좀 쉬었다 갈까.
해 설 : 모자 장수 아저씨는 커다란 나무 그늘아래 앉았습니다.
아저씨 : 아이구 더워라. (땀 닦는 시늉을 한다)
어디 모자들이 모두 그대로 있는지 봐야겠군. 빨간 모자, 흰 모자, 주황 모자, 노란 모자, 갈색 모자, 그대로 다 있군. (자기 머리 위에 차례대로 쌓아 올린다.)
해 설 : 어느새 아저씨는 나무 그늘아래서 그만 잠이 들고 말았어요.
(음악 : '아기코끼리 걸음마' 에 맞춰 원숭이들 율동을 하며 입장)
원숭이1: 히히히! 저거 봐. 예쁜 모자들이 많네. 한 개 써 봐야지
원숭이들: 나두 나두! 우하하하! 재미있다.
해 설 : 원숭이들은 서로 아저씨의 모자를 가져다가 머리에 쓰고 던지며 자기들끼리 신나게 놀았어요. 한참 동안 달콤하게 잠에 빠져 있던 아저씨가 깨어났어요.
아저씨 : 아~함! 잘 잤다. 이제 한숨 잘 잤으니, 다시 모자를 팔러 떠나볼까?
(머리를 더듬어 보다가)
어 내 모자, 내 모자가 하나도 없네…
해 설 : 아저씨는 깜짝 놀라 여기저기 모자를 찾기 시작했어요.
아저씨 : 해님아, 해님아! 네가 내 모자를 가져갔니?
해 님 : 아니요. 난 여기 이렇게 서 있기만 했는데요.
아저씨 : 나무야, 나무야! 네가 내 모자를 가져갔니?
나 무 : 아니요. 난 여기서 아저씨에게 그늘을 만들어 주었는데요.
아저씨 : 숲아, 숲아! 너희가 내 모자를 가져갔니?
숲 : 아니요. 우리는 여기서 산들산들 춤만 추고 있었는데요.
아저씨 : 정말 이상한데… 도대체 누가 가져갔지?
(해님, 숲, 나무 모두 일제히 손가락으로 원숭이들을 가리킨다)
아저씨 : 아니, 내 모자를 저 원숭이들이 가져갔구나!
(화난 듯이 손을 흔들며 노래를 부른다.)
내 모자 돌려줘 얘들아~ 빨리 돌려줘라 요놈들.

원숭이들: (아저씨를 그대로 흉내 내며 노래를 부른다)
내 모자 돌려줘 얘들아~ 빨리 돌려줘라 요놈들.
아저씨 : (주먹을 쥐고 흔들며, 펄쩍펄쩍 뛰며 노래를 부른다)
혼내주겠다~ 너희들~아이참 약 올라라.

원숭이들: (주먹을 쥐어 보이며 노래를 부른다)
혼내주겠다~ 너희들~아이참 약 올라라.
아저씨 : 거기 너희들 꼼짝 마라! (아저씨가 나무 위로 올라가다가 떨어지는 시늉을 한다. 쿵!
소리들 : (심벌즈와 작은북 쿵! 소리에 맞춰 큰 소리를 낸다.)
아저씨 : 아이쿠! 엉덩이야! 내 엉덩이(엉덩이를 흔들며 아파하는 흉내를 낸다)
원숭이들: 킥킥킥! 하하하! (원숭이들 배를 잡고 뒹굴며 웃는다)
아저씨 : 이 못된 원숭이들 어떻게 혼내주지… (곰곰이 생각하는 시늉을 한다)
소리들 : 아저씨 생각하는 동안 작은북이 콩콩콩… 작은 소리로 연주한다.
아저씨 : (무릎을 탁! 치며) 옳지! 좋은 생각이 났다!
소리들 : (아저씨 무릎 칠 때 심벌즈 쨍! 소리를 낸다.)
해 설 : 아저씨는 몹시 화가 난 것처럼 머리에 쓰고 있던 모자를 땅바닥에 내동댕이쳤어요.
아저씨 : 아이구 머리야!
원숭이들 : (땅바닥에 모자를 내동댕이치며) 아이구 머리야!
아저씨 : (아저씨 크게 배를 잡고 웃으며) 하하하! 요놈들 내 꾀에 속았지.

이제 모자를 찾았으니 다시 길을 떠나볼까.
아저씨 : (모자를 머리에 쓰고 노래를 하며, 퇴장한다)

모자 모자가 나-왔어요 예쁘고 시원한 모자예요.
모자 모자가 나-왔어요 여러 색깔 모자가 다-있어요.
내일은 못 사요 빨리빨리 사-가세요.
내일은 못 사요 다 떨어집니다.

알림이 : 모자 장수 아저씨의 음악극을 마칩니다.

지도상의 유의점

- 유아의 전체 인원수를 고려하여 인원수를 조정할 수 있으며 연령을 고려하여 내용을 축소 또는 확장할 수 있다.
- 원숭이들이 입장할 때 율동감과 일체감 있게 유아들과 미리 의논하여 간단한 동작으로 율동을 구성해 둔다.

시장잔치

김성균 작사/작곡

나처럼 해봐요

작자 미상

출처: 대전교육과 과학 연구(편)(2007)

음악극 2 - 곰 사냥을 떠나자

활동명	곰 사냥을 떠나자	주제	지구와 환경

활동목표
- 지구의 다양한 지형에 관심을 가진다.
- 생각이나 느낌을 다양하게 노래로 표현할 수 있다.

활동내용	자료 및 유의점
준비 활동 1. 음악극 관련 노래 배우기 • 그래 그래서 (원곡 Old MacDonald Had A Farm)를 음악극에 필요한 개사한 곡으로 만든 손 유희로 배운다.	• 노래 악보
사전 활동 1. 동화 듣기 • PPT 자료를 이용하여 동화를 들려준다. 2. 동화 회상하기 • 동화를 들은 후 융판 자료로 재구성하여 이야기를 들려준다. - 동화에 등장한 주인공은 누구였나요? • 동화 배경에 대해 알아본다. - 가족들이 곰을 잡으러 가기 위해 지나갔던 곳은 어디였나요? • 음악극에 맞추어 동작으로 표현해본다. - 강물을 헤엄쳐 갈 때는 어떤 소리가 났나요? - 강물을 지날 때 가족은 어떻게 헤엄쳤을까요? - 곰을 발견했을 때 가족들의 얼굴표정은 어땠을까요? 3. 미리 연습하기 • 손 유희 곡을 넣어서 융판 자료를 이용해 미리 음악극을 다 같이 모여 앉아 해 본다. • 여러 가지 의성어, 의태어 느낌을 살려서 읽어 본다.	• 그림 동화, PPT 동화, TV • 반복되는 대사는 손유희 곡으로 대신하고 유아가 의성어, 의태어를 작게, 중간 크기, 크게 목소리의 변화를 주어 읽어 볼 수 있다.
본 활동 1. 소품 및 배경 만들기 • 배경에는 무엇이 있었는지 이야기하고 어떻게 만들지 이야기한다. - 강물 배경 역할을 맡은 친구들은 어떻게 꾸며 주면 좋을까요? - 어디를 집이라고 할까요? - 곰의 동굴을 어디로 정할까요? 2. 역할 정하기 • 대집단 형식의 전체가 참여하는 음악극을 위해 역할을 정한다. - 강물 배경 친구는 4명이 함께 할 거예요. 강물을 하고 싶은 친구 있나요? 3. 음악극 하기 • 완성된 소품과 배경을 이용하여 음악극 무대를 꾸미고 음악극을 하기 위한 자리 배치를 한다. • 음악극을 한다. 4. 재미있는 점, 보완점, 개선할 점, 찾기 5. 역할 바꿔 음악극 하기	• 함께 만든 소품 및 배경, 의상, 음악극에 필요한 장치, 신호악기, 제목판 • 무대를 꾸밀 때 교실을 넓게 활용하여 가운데를 원으로 만들어 전체가 음악극에 참여할 수 있다. • 배경 역할을 맡는 유아는 집단의 크기에 따라 조정이 가능하다.

• 역할을 바꿔 다시 공연을 한다. 6. 음악극 평가하기 • 음악극을 마친 후 느낀 점을 이야기 나눈다. - 어떤 친구가 재미있게 표현했나요? - 어떤 점이 재미있었나요? - 더 재미있게 하려면 어떻게 하면 좋을까요? - 동화를 들을 때와 음악극으로 할 때는 어떻게 다른가요?	
사후 활동 1. 배경 마을 만들기 • 찰흙을 이용하여 동화 배경(풀밭, 강물, 진흙탕 등)을 만들어볼 수 있다. 2. 음악극 개작하기 • 지구의 다른 지형(폭포, 사막, 빙하 등)를 넣어 개작해본다. - 우리가 아는 지구의 다른 곳은 없나요? - 만약 가족들이 빙하를 지나간다면 어떤 소리가 났을까요? • 다른 지형을 넣어 개작된 음악을 해 본다. 3. 우리 가족이 곰 사냥을 떠나요 • 곰 사냥을 떠나는 우리 가족을 생각해 본다. • 어떤 옷을 입고 갈 것인지, 어떤 것을 가지고 갈 것인지 이야기해본다. • 자신의 생각을 활동지에 그림을 표현해 본다.	• 찰흙, 신문지, 물, 찰흙 놀이 도구. • 우리 가족이 곰 사냥을 떠나요 활동지, 그리기 도구

[줄거리] 곰 사냥을 떠나자

아름다운 집에 가족들이 살고 있었어요. 가족들은 어느 날 곰을 잡으러 가기로 했어요. 아빠, 첫째 누나, 둘째 누나, 형, 아기 그리고 냄새를 잘 맡는 개까지 모두 곰 사냥에 나섰어요. 가족들은 노래를 부르기 시작했어요.

'곰 잡으러 간단다. 큰 곰 잡으러 간단다. 정말 날씨도 좋구나! 우린 하나도 안 무서워.' 풀밭을 만난 가족들은 풀밭을 헤치고 지나갔어요.

또 노래를 부르며 곰 사냥을 가던 가족들은 강물을 만났어요. 강물을 헤엄쳐 건너갔어요.

한참을 가던 가족들 앞에는 질퍽거리는 진흙탕이 나타났어요. 가족들은 처벅 철벅거리는 진흙탕을 밟고 지나갔어요.

신나게 노래를 부르며 가던 가족들 앞에 커다랗고 컴컴한 숲이 나왔어요. 곰을 잡기 위해서 모두들 그 숲을 뚫고 지나갔어요.

가족들은 소용돌이치는 눈보라를 만났어요. 휭 휘잉! 거리는 눈보라를 헤치고 갔어요.

'곰 잡으러 간단다. 큰 곰 잡으러 간단다. 정말 날씨도 좋구나! 우린 하나도 안 무서워.' 노래를 부르던 가족들 앞에 동굴이 나타났어요. 좁고 어둠침침한 동굴 속을 살금살금 함께 들어갔어요.

그때였어요. 반들반들하고 촉촉한 코가 하나, 털이 덥수룩한 커다란 귀가 둘, 크고 번들거리는 눈이 둘인 곰을 발견했어요. 그리고는 소리치며 동굴을 빠져나갔어요.

동굴을 빠져나간 가족들은 다시 눈보라를 헤치고, 숲을 뚫고 진흙탕을 밟고 강물을 헤엄치고 풀밭을 헤치고 집으로 돌아왔어요. 하지만 계속해서 곰이 쫓아 왔어요.

문을 닫고 집 위층으로 올라가 침대 이불 밑으로 들어가서는 다시는 곰 잡으러 가지 않겠다고 이야기했어요.

*출처 : '곰 사냥을 떠나자', 마이클 로젠 글, 시공주니어.

[대본] 곰 사냥을 떠나자

- 등장인물 : 아빠, 아기, 첫째, 둘째, 셋째, 강아지, 곰, 알림이, 해설, 풀밭, 강물, 진흙, 숲, 눈보라
- 배 경 : 집, 풀밭, 강물, 진흙, 숲속, 눈보라, 동굴
- 소 품 : 목걸이(아빠, 아기, 첫째, 둘째, 셋째, 강아지), 배경 머리띠(풀밭, 강물, 진흙, 숲, 눈보라), 신호악기, 제목판

• 장면 1– 집

알림이 : 지금부터 곰 사냥을 떠나자 음악극을 시작합니다.

다함께 : (노래를 한다)

곰 잡으러 간단다. 큰 곰 잡으러 간단다. 정말 날씨도 좋구나! 우린 하나도 안 무서워.

• 장면 2 – 풀밭

해 설 : 어라! 풀밭이잖아! 넘실대는 기다란 풀잎. 그 위로 넘어갈 수 없네. 그 밑으로도 지나갈 수 없네. 아. 아니지! 풀밭을 헤치고 지나가면 되잖아!

가 족 : (건너가는 모습을 한다)

풀 밭 : (일어서서 이야기한다) 사각 서걱! 사각 서걱! 사각 서걱!

• 장면 3 – 강물

다함께 : (노래를 한다) 곰 잡으러 간단다. 큰 곰 잡으러 간단다. 정말 날씨도 좋구나! 우린 하나도 안 무서워.

해 설 : 어라! 강이잖아! 깊고 차가운 강물, 그 위로 넘어갈 수 없네. 그 밑으로도 지나갈 수 없네. 아! 아니지! 강물을 헤엄쳐 건너면 되잖아!

가 족 : (건너가는 모습을 한다)

강 물 : (일어서서 이야기한다) 덤벙 텀벙! 덤벙 텀벙! 덤벙 텀벙!

• 장면 4 – 진흙탕

다함께 : (노래를 한다)

곰 잡으러 간단다. 큰 곰 잡으러 간단다. 정말 날씨도 좋구나! 우린 하나도 안 무서워.

해 설 : 어라! 진흙탕이잖아! 깊고 질퍽이는 진흙탕. 그 위로 넘어갈 수 없네,
그 밑으로도 지나갈 수 없네. 아, 아니지! 진흙탕을 밟고 지나가면 되잖아!

가 족 : (건너가는 모습을 한다)

진 흙 : (일어서서 이야기한다) 처벅 철벅! 처벅 철벅! 처벅 철벅!

• 장면 5 – 숲

다함께 : (노래를 한다)

곰 잡으러 간단다. 큰 곰 잡으러 간단다. 정말 날씨도 좋구나! 우린 하나도 안 무서워.

해 설 : 어라! 숲이잖아! 커다랗고 컴컴한 숲. 그 위로 넘어갈 수 없네. 그 밑으로도 지나갈 수 없네. 아, 아니지! 숲을 뚫고 지나가면 되잖아!

가 족 : (건너가는 모습을 한다)

숲 : (일어서서 이야기한다) 바스락 부시럭! 바스락 부시럭! 바스락 부시럭!

• 장면 6 – 눈보라

다함께 : (노래를 한다)

곰 잡으러 간단다. 큰 곰 잡으러 간단다. 정말 날씨도 좋구나! 우린 하나도 안 무서워.

해 설 : 어라! 눈보라잖아! 소용돌이치는 눈보라. 그 위로 넘어갈 수 없네.
그 밑으로도 지나갈 수 없네. 아, 아니지! 눈보라를 헤치고 지나가면 되잖아!

가 족 : (건너가는 모습을 한다)

눈보라 : (일어서서 이야기한다) 휭 휘잉! 휭 휘잉! 휭 휘잉!

• 장면 7 – 동굴

다함께 : (노래를 한다)

곰 잡으러 간단다. 큰 곰 잡으러 간단다. 정말 날씨도 좋구나! 우린 하나도 안 무서워.

해 설 : 어라! 동굴이잖아! 좁고 어둠침침한 동굴. 그 위로 넘어갈 수 없네.

그 밑으로도 지나갈 수 없네. 아, 아니지! 동굴 속으로 들어가면 되잖아!

가 족 : 살금! 살금! 살금!

해 설 : 어라, 저게 뭐지? 반들반들하고 촉촉한 코가 하나! 털이 덥수룩한 커다란 귀가 둘! 크고 번들거리는 눈이 둘!

가 족 : 으악, 곰이잖아!

• 장면 8 – 전체

해 설 : 어서! 동굴을 빠져나가나! 살금! 살금! 살금! 살금!
다시 눈보라를 헤치고 가자! 휭 휘잉! 휭 휘잉! 휭 휘잉! 휭 휘잉!
다시 숲을 뚫고 나가자! 바스락 부시럭! 바스락 부시럭! 바스락 부시럭!
다시 진흙탕을 밟고 가자! 처벅 철벅! 처벅 철벅! 처벅 철벅!
다시 강물을 헤엄쳐 건너자! 덤벙 텀벙! 덤벙 텀벙! 덤벙 텀벙!
다시 풀밭을 헤치고 가자! 사각 서걱! 사각 서걱! 사각 서걱!
우리 집 문 앞에 다 왔네. 문을 열어 위층으로 올라가자.
아, 아니지! 문 닫는 걸 잊었어.
다시 아래층으로 내려가자.
문을 닫아.
다시 위층으로 올라가자. 방으로 가자
들어가 이불 밑으로

가 족 : (왔던 방향으로 돌아간다)

곰 : (뒤를 쫓아간다)

배 경 : (자기 소리를 계속 낸다)

• 장면 9 – 집

가 족 : (집에 도착해서) 다시는 곰 잡으러 가지 않을 테야.

곰 : (동굴로 다시 돌아간다)

알림이 : 곰 사냥을 떠나자 음악극을 마칩니다!

그래 그래서

외국 곡

출처: 대전교육과 과학 연구(편)(2007)

음악극 3 – 빨강 도깨비, 파랑 도깨비, 노랑 도깨비

활동명	빨강 · 파랑 · 노랑 도깨비	주제	색깔

활동목표
- 색의 혼합에 관심을 가진다.
- 다양한 극놀이에 참여 하여 자신을 표현한다.

활동내용	자료 및 유의점
준비 활동 1. 음악극 관련 노래 배우기 • 구슬비(안병원 곡), 개구쟁이 원숭이(외국 곡)를 음악극에 필요한 개사한 곡으로 만든 손 유희로 배운다.	• 노래 악보
사전 활동 1. 동화 듣기 • PPT 그림동화 자료를 이용하여 동화를 들려준다. 2. 동화 회상하기 • 동화를 들은 후 융판 자료로 재구성하여 이야기를 들려준다. - 동화에 등장한 주인공은 누구였나요? • 동화에서 일어난 사건들을 이야기해본다. - 송이가 처음 만난 도깨비는 누구였나요? - 빨강 도깨비는 송이에게 무슨 이야기를 하였나요? • 음악극에 맞추어 동작으로 표현해본다. - 송이가 걸어가는 모습은 어떻게 표현하면 좋을까요? - 도깨비가 나타날 때 어떤 표정으로 나타났을까요? - 도깨비들이 서로 합쳐질 때는 어떻게 표현하면 좋을까요? 3. 미리 연습하기 • 개사곡을 넣어서 융판 자료를 이용해 미리 음악극을 다같이 모여 앉아 해본다.	• 그림동화, PPT 동화, TV • 색에 해당하는 사물을 이야기할 때는 유아들과 함께 이야기해 볼 수 있다. 정해진 사물 외에 또 같은 색을 가진 사물을 이야기해 볼 수 있다.
본 활동 1. 소품 및 배경 만들기 • 소품에는 무엇이 있었는지 이야기하고 어떻게 만들지 이야기한다. - 어디를 무대로 할까요? - 도깨비 역할을 맡은 친구들은 어떻게 꾸며 주면 좋을까요? - 어디에서 도깨비들이 나올까요? - 송이 할머니 댁은 어디로 할까요? 2. 역할 정하기 • 대집단 형식의 전체가 참여하는 음악극을 위해 역할을 정한다. - 도깨비는 몇 명이었나요? 도깨비를 하고 싶은 친구 있나요? 3. 음악극 하기 • 완성된 소품과 배경을 이용하여 음악극 무대를 꾸미고 음악극을 하기 위한 자리 배치를 한다. • 음악극을 한다. 4. 재미있는 점, 보완점, 개선할 점, 찾기	• 함께 만든 소품 및 배경, 의상, 음악극에 필요한 장치, 신호악기, 제목판. • 무대를 꾸밀 때 교실을 넓게 활용하여 가운데 원으로 만들어 전체가 음악극에 참여할 수 있다. • 배경 역할을 맡는 유아는 집단의 크기에 따라 조정이 가능하다.

5. 역할 바꿔 음악극 하기 • 역할을 바꿔 다시 공연을 한다. 6. 음악극 평가하기 • 음악극을 마친 후 느낀 점을 이야기 나눈다. - 어떤 친구가 재미있게 표현했나요? - 어떤 점이 재미있었나요? - 더 재미있게 하려면 어떻게 하면 좋을까요? - 동화를 들을 때와 음악극으로 할 때는 어떻게 다른가요?	
사후 활동 1. 나에게 만약 도깨비방망이가 생긴다면 • 언어 영역에서 '나에게 만약 도깨비방망이가 생긴다면' 활동지를 살펴본 후 자신의 생각을 표현해본다. 2. 색의 혼합 실험하기 • 과학 영역에 색의 혼합 실험을 설치할 수 있다. 이때 빨강, 노랑, 파랑 세 가지의 색깔만 제시하여 실험해 볼 수 있다. • 개별 실험을 하며 실험 관찰지를 작성해 본다. 3. 색깔 도깨비 책 만들기 • 언어 영역에서 도깨비 도안을 이용한 책에 색을 칠하고 색에 해당되는 물건을 그려 볼 수 있다. • 완성된 활동지는 책 접기를 통해서 책으로 만들고 언어영역에 비치하여 다 함께 볼 수 있다.	• 나에게 만약 도깨비방망이가 생긴다면 활동지, 그리기 도구 • 시험관, 시험관대, 스포이드 3개, 포스터칼라로 만든 빨강, 파랑, 노랑색 물 • 색깔 도깨비 책 활동지 가위, 그리기 도구

[줄거리] 빨강 도깨비, 파랑 도깨비, 노랑 도깨비

송이가 할머니 댁에 심부름을 가다가 무섭게 생긴 빨강 도깨비를 만났어요. 빨강 도깨비는 빨간색을 가진 세 가지를 말하지 못하면 잡아먹겠다고 했어요. 그러자 송이는 사과, 소방차, 고추로 대답했어요.

그런데 빨강 도깨비는 화를 내며 고추는 파랗다고 이야기하며 잡아먹겠다고 이야기했어요. 그러자 파랑 도깨비가 나타나 다시 송이에게 파란색을 가진 세 가지를 말하면 빨강 도깨비에게서 구해 주겠다고 이야기했어요.

송이는 하늘, 파랑새, 송이 찻솔이라고 대답했어요. 파랑 도깨비는 송이에게 찻솔이 파란색인지 노란색인지 알지 못한다고 말했어요. 이번에는 노랑 도깨비가 나타났어요.

노랑 도깨비는 노란색으로 된 것 세 가지만 말하면 할머니 집까지 보내 준다고 했어요. 그러자 송이는 다시 병아리, 민들레, 나비라고 대답했어요.

노랑 도깨비는 기분이 좋아서 옆에 있는 빨강 도깨비를 끌어안자 주황 도깨비가 되었어요.

다음에는 파랑 도깨비를 끌어안았어요. 그러자 초록 도깨비가 되었어요. 기분이 좋아진 빨강 도깨비와 파랑 도깨비가 서로 끌어안았어요. 그러자 보라 도깨비가 되었어요.

이번에는 모두 끌어안자 검은색이 되었어요. 그러는 동안 송이는 얼른 할머니 댁으로 뛰어갔어요.

* 출처 : '빨강 도깨비, 파랑 도깨비, 노랑 도깨비', 보리 기획, 보리.

[대본] 빨강 도깨비, 파랑 도깨비, 노랑 도깨비

• 등장인물 : 송이, 빨강 도깨비, 파랑 도깨비, 노랑 도깨비, 주황 도깨비, 초록 도깨비, 보라 도깨비, 검정 도깨비
• 배 경 : 집, 숲속
• 소 품 : 도깨비 고깔(빨강, 파랑, 노랑, 초록, 보라, 검정), 도깨비 색깔옷, 도깨비방망이, 빨간색 소품(고추, 사과, 불자동차), 파란색 소품(하늘, 파랑새, 칫솔), 노란색 소품(민들레, 나비, 병아리), 셀로판지 코팅한 목걸이(빨강, 파랑, 노랑), 신호악기, 제목판

• 장면 1– 빨강 도깨비

알림이 : 지금부터 빨강 도깨비, 파랑 도깨비, 노랑 도깨비 음악극을 시작합니다.
해 설 : 송이가 할머니 댁에 심부름을 가고 있었어요.
그런데 갑자기 무섭게 생긴 빨강 도깨비가 나타났어요.
빨강 도깨비 : (노래를 한다)
나는 나는 도깨비 나는 나는 도깨비 나는야 빨간색 도깨비야 (흐흑)
빨강 도깨비 : 나처럼 빨간 것 세 가지를 말해봐. 못 맞히면 잡아먹을 테야.
송 이 : (노래를 한다)
새콤달콤 사과에 빨간색, 에에에엥 소방차에 빨간색 뾰족뾰족 고추에 빨간색, 내가 말한 모든 것은 빨간색.
여기 빨간색 세 가지(빨간색 소품 세 가지를 보여준다)!
빨강도깨비 : 틀렸어. 고추는 파래. 널 잡아먹어야겠다.
해 설 : 그때였어요. 무슨 소리가 들렸어요.

장면 2 – 파랑 도깨비

파랑 도깨비 : (노래를 한다)
나는 나는 도깨비 나는 나는 도깨비 나는야 파란색 도깨비야 (흐흑)
파랑 도깨비 : 고추가 익으면 빨간 거 모르니?
송이야, 나처럼 파란 것 세 가지만 맞혀봐. 그러면 빨강 도깨비가 널 못 잡아먹게 해 줄게.
송 이 : (노래를 한다)
높이 높이 하늘에 파란색, 쪼로로롱 파랑새에 파란색 치카푸카 내 칫솔도 파란색, 내가 말한 모든 것은 파란색
여기 파란색 세 가지(파란색 소품 세 가지를 보여준다)!
파랑 도깨비 : 네 칫솔이 파란지 노란지 어떻게 알아!
해 설 : 그때였어요. 노란 도깨비가 나타났어요.

장면 3 – 노랑도깨비

노랑도깨비 : (노래를 한다)
나는 나는 도깨비 나는 나는 도깨비 나는야 노란색 도깨비야 (흐흑)
노랑 도깨비 : 칫솔이 파랄 수도 있지.
송이야! 노란색으로 된 것 세 가지만 이야기 말해봐. 그럼 널 할머니 댁까지 보내 줄게.
송 이 : (노래를 한다)
삐약 삐약 병아리에 노란색, 살랑 살랑 민들레에 노란색 훨 – 훨 나비도 노란색, 내가 말한 모든 것은 노란색
여기 노란색 세 가지(노란색 소품 세 가지를 보여준다)!

장면 4 – 도깨비 변신

해 설 : 노랑 도깨비는 기분이 좋아져서 빨강 도깨비를 끌어안았어요.
노랑, 빨강 도깨비 : 우와 우리 주황색이 되었네.
(각자 걸고 있던 셀로판지 목걸이를 겹친다)

해 설 : 다음에는 파랑 도깨비를 끌어안았어요.
노랑, 파랑 도깨비 : 우와 우리 초록색이 되었네.
(각자 걸고 있던 셀로판지 목걸이를 겹친다)
해 설 : 기분이 좋아진 빨강 도깨비와 파랑 도깨비도 서로 끌어안았어요.
빨강, 파랑 도깨비 : 우와 우리 보라색이 되었네.
(각자 걸고 있던 셀로판지 목걸이를 겹친다)
해 설 : 모두 신이 나서 함께 끌어안았어요.
빨강, 파랑, 노랑 도깨비 : 우와 우리 검은색이 되었네.
(자 걸고 있던 셀로판지 목걸이를 겹친다)
해 설 : 이 모습을 본 송이는 깜짝 놀라 부리나케 할머니 댁으로 뛰어갔어요.
송 이 : (놀란 표정으로 도망간다)

알림이 : 빨강 도깨비, 파랑 도깨비, 노랑 도깨비 음악극을 마칩니다.

개구쟁이 원숭이

외국곡

2절 파랑 도깨비 : 나는 나는 도깨비 나는 나는 도깨비
나는야 파랑색 도깨비야
3절 노랑 도깨비 : 나는 나는 도깨비 나는 나는 도깨비
나는야 노랑색 도깨비야

구슬비

권오순 작사
안병원 작곡

2절 파랑 도깨비 : 높이 높이 하늘에 파란색, 쪼로로롱 파랑새에 파란색
치카푸카 내 칫솔도 파란색, 내가 말한 모든 것은 파란색
3절 노랑 도깨비 : 삐악삐약 병아리에 노란색, 살랑살랑 민들레에 노란색
훨 - 훨 나비도 노란색, 내가 말한 모든 것은 노란색

출처: 대전교육과 과학 연구(편)(2007)

참고문헌

곽영숙(2010). 통합적 음악감상활동이 유아의 음악적 개념에 미치는 영향. 이화여자대학교 교육대학원 석사학위논문.

교육부(2019). 2019 개정 누리과정 고시문.

권덕원, 송정희(2007). 음악교과수업컨설팅연구: 모형 및 매뉴얼개발 중심으로. 인천교육대학교 초등교육연구소 교육논총, Vol. 27.

김명정(2010). 음악극 경험과정에서 나타나는 유아들의 음악적 반응 변화 중앙대학교 대학원 석사학위논문.

김연주, 양연숙, 김현지(2014). 영유아 음악교육. 창지사.

김영연(2003). 유아음악교육개론. 학지사.

김영연(2016). 유아음악교육. 학지사.

김지연(2015). 유아음악교육을 위한 액션러닝 기반의 현직 교사교육 프로그램 모형 개발, 원광대학교 대학원 박사학위논문.

김진영, 엄정애, 이승연(2007). 유아교사를 위한 유아음악교육. 양서원.

김현(2016). 음악개념에 기초한 유아음악교육 프로그램 개발 및 효과, 조선대학교 대학원 박사학위논문.

김혜경(1996). 유치원 음악교육의 이론과 실제. 창지사.

김혜영(2015). 오르프 교수법에 기초한 통합유아음악교육 프로그램 개발 및 효과 검증, 가천대학교 박사학위 논문.

남기원(2019). 영유아 음악교육. 공동체.

단은미, 조유나(2009). 동화를 활용한 음악 감상 활동이 유아의 음악 능력 및 태도에 미치는 영향. 韓國幼兒教育 · 保育行政研究, 13(4).

대전교육과과학 연구 편(2007). 동화를 통한 유아 음악극 활동자료. 대전교육과학연구원.

류은미(2011). 음악개념 중심의 통합적 음악활동이 영아의 음악성에 미치는 효과. 박사학위논문. 덕성여자대학교 대학원.

문연경(1999). 유리드믹스 교수법. 현대음악출판사.

박미경, 엄정애(2008). "새노래부르기" 활동에서 다루고 있는 유아교사의 음악적 개념과 지도의 어려움. 아동학회지, 29(3).

박애리(2004). 고든의 이론에 의한 유아음악 교육방법과 그 영향에 대한 연구. 석사학위논문. 계명대학교 교육대학원.
박유미(2004). 음악심리학의 이해. 음악춘추사.
박은영(2012). 교사용 유아 음악적 태도 검사도구 개발. 예술교육연구. 10(1).
보건복지부(2020). 제4차 어린이집 표준보육과정 해설서.
송주승, 김민은(2016). 유아음악교육. 동문사.
심성경, 이희자, 이선경, 김경희, 이효숙, 박주희(2016). 영유아 음악교육. 양서원.
심성경, 이희자, 이선경, 김경의, 이효숙(2012). 아동 음악과 동작교육. 양서원.
안재신(2004). 유아음악교육. 교육과학사.
안재신, 한애향(1999). 전래동요를 활용한 통합적 음악수업이 음악태도 변화에 미치는 영향. 음악교육연구, 18.
유예경(1985). 유아의 음악환경과 음악능력발달의 관계에 관한 연구. 중앙대학교 교육대학원 석사학위논문.
유은화(2014) 유아음악적 태도와 정서지능 간의 관계. 성신여자대학교 교육대학원 석사학위논문.
윤영배(2008) Orff 접근법에 의한 유아 음악교육 프로그램이 음악적성, 감성지능 및 창의성에 미치는 효과. 경희대학교 대학원 박사학위논문.
윤영배, 유준호(2010). 유아의 기질, 발달수준 및 어머니의 양육태도가 감성지능에 미치는 영향. 열린유아교육연구, 15(6).
이경인(2004). Rhythm 학습을 통한 유리 리듬지도법 연구: 만 4, 5세 대상으로 한 달크로즈 유리드믹스 중심으로, 단국대학교 석사학위논문.
이다경(2015). 달크로즈, 코다이, 오르프의 교수법을 이용한 리듬 수업 지도안 개발: 초등학교 3학년 중심으로. 이화여자대학교 교육대학원 석사학위논문.
이효숙(2001). 유아음악극 활동의 교육적 효과. 박사학위논문. 중앙대학교 대학원.
임혜정(2004). 유아교육기관에서 선호하는 동요에 관한 조사 및 악곡분석 연구. 덕성여자대학교 교육대학원 박사학위논문.
장은주(2007). 현직교사를 위한 유아음악교육 프로그램 모형 개발. 이화여자대학교 대학원 박사학위논문.
장은희(2007) 동화에 기초한 유아 음악극 프로그램 구성 및 효과연구. 덕성여대 유아교육과 박사학위논문.
장정애(2011). 자연의 소리를 활용한 통합적 유아음악교육 프로그램 구성 및 효과. 중앙대학교 대학원 박사학위논문.
조유리(2016). 유아음악극활동에서 나타난 만 3세 유아의 반응연구, -'숲속의 이야기'를 중심으로. 인천대학교 교육대학원 석사학위논문.
최영미(2006). 통합적인 음악학습 프로그램에 관한 연구(유아음악 교육을 중심으로).

석사학위논문. 조선대학교 교육대학원.

최은식(1991). 학습활동의 위계화를 통한 음악학습증진방안에 관한 연구: Edwin E. Gordon의 음악학습이론을 중심으로. 서울대학교 대학원 석사학위논문.

하정희, 조영진, 강혜정(2013). **유아음악교육**. 공동체.

한국오르프 음악교육 연구소(http://www.orff.org)

Boyle, J. D. & Radocy, R. E.(1987). Measurement and evaluation of musical experiences, Schirmer Books a Division of Macmillan, Inc.

Campbell, P. S., & Scott-Kassner, C.(1995). *Music in Childhood-From Preschool the Elementary Grades*. N. Y.: Schirer Books.

Eliason & Jenkins(2012). *A Practical guide to early childgood curriculum*(9th.ed). Boston. Pearson.

Gembris, H.(2002) Music-making as a lifelong development and resource for health. In R. A. R.

Gordon, E. E.(1997). *A music learning theory for newborn and young children*. USA: G.L.A. Pub. Inc.

Gordon, E. E.(1999). All about audiation and music aptitude. *Music Education Journal, 86*(2).

Machlis(1970). *Enjoyment of music*. N. Y.: W. W. Norton & Company.

Pica, R.(2004). (출생에서 8세까지) **유아를 위한 동작교육**. 김은심 역. 정민사.

Radocy, R. E., & Boyle, J. D. (1997). *Psychological foundations of musicalbehaviour*. Urbana, Illinois: Charles Thomas.

Reimer, B. (2004). *Music education for cultural empowerment*. Paper presented at the International Music Education Policy Symposium, Minneapolis, MN.

Seashore, C. E., Lewis, D., &Saetveit, J. G. (1956). Seashore measures of musical talents. Psychological Corp.

Weler, L., & Rwaback, L.(1978). *Orff and Kodaly Adapted for the Elementary School*. Dubuque, IA: William C. Brown Co.

Webster, P. R. (1992). Research on creative thinking in music: The

Zimmerman, M. P.(1971). *Musical Characteristics of children*, Washington, D.C. : MENC.

저자소개

■ **송주승**
Eubank conservatory Music and Arts 음악학 석사
숭실대학교 교육대학원 교육학 석사(유아교육)
전) 김포대학교 유아교육과 교수
저서 : 음악이론과 반주법(2019), 유아음악교육(2016)

■ **조유나**
덕성여자대학교 대학원 교육학 박사(유아교육)
현) 김포대학교 유아교육과 교수
저서 : 보육실습(2016), 보육학 개론(2019), 유아교육개론(2021)

유아음악교육

초판 1쇄 발행 / 2021년 9월 25일
초판 2쇄 발행 / 2023년 3월 2일

공저자 / 송주승 · 조유나
발행인 / 이 중 수
발행처 / **동 문 사**

서울특별시 서대문구 홍제원 1길 12
(홍제동 137-8)
Tel: 02)736-3718(대), 736-3710, 3720
Fax: 02)736-3719
등록번호: 1974.04.27 제9-17호
가격: 18,000원

ISBN: 979-11-6328-317-1(93370)
E-mail: dong736@naver.com
www.dongmunsa.com